못 말리는 과학 방송국

못 말리는 과학 방송국

5 수의 역사

글 **정완상** | 그림 **임정호**

정완상 교수의 신나는 과학사 이야기

살림어린이

머리말

　전기에 대한 연구는 누가 처음 시작했고 어떻게 발전했을까? 우리 주위의 기체는 누가 발견했을까? 수는 어떻게 발견되어 어떻게 발전했을까? 아마도 이런 호기심을 가진 어린이들이 많을 것입니다. 그래서 이 시리즈에서는 과학의 각 주제에 대해서 발견의 역사를 더듬어 보았습니다. 학생들의 이해를 돕기 위해 '뉴스', 'PD 사이언스', '그 과학자가 보고 싶다', '사건 사고 뉴스', '광고' 등을 도입하여 과학 발견의 역사를 쉽게 이해할 수 있게 했습니다. 그리고 마지막에는 과학 시트콤을 통해 과학자들의 업적도 재미있게 알 수 있도록 했습니다.

　저는 KAIST에서 이론물리학을 공부하고 대학에 와서 물리학과 수학을 가르쳐 왔습니다. 그래서 그동안 대학에

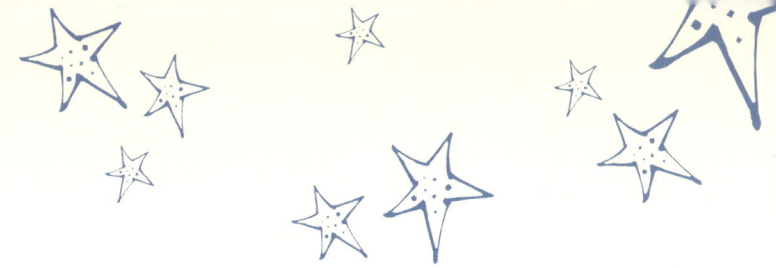

서 연구한 내용과 강의했던 내용을 토대로 이 책을 집필하게 되었습니다. 그동안 초등학생들을 위한 많은 과학책을 쓰면서 과학의 역사를 아이들에게 정리해 주고 싶었는데, 마침 이번 시리즈 작업이 좋은 기회가 되었던 것 같습니다. 이 책을 쓰면서 저 자신도 과학의 역사를 제대로 알 수 있었고, 전에는 알지 못했던 새로운 과학자도 만나게 되어 즐거웠습니다.

 이 책은 과학 영재를 꿈꾸는 초등학생과 중학생들에게 권하고 싶습니다. 훌륭한 과학자가 되려면 그동안 과학자들은 어떤 일을 해 왔는가를 알아야 합니다. 그래야 미래의 과학자가 될 학생들이 자신은 무엇을 연구해야 할지 알 수 있을 테니까요. 그런 의미에서 이 책이 과학자를 꿈꾸는 많은 어린이들에게 큰 도움을 줄 수 있기를 희망합니다.

끝으로 이 책을 출간할 수 있도록 배려하고 격려해 준 살림출판사의 강 국장님과 배 팀장 그리고 살림출판사의 모든 식구들에게 감사를 드립니다. 또한 자료 작업과 기타 책 집필에 관계된 자질구레한 일들을 도와준 과학창작동아리 SciCom의 모든 식구들에게 감사드립니다.

진주에서
정완상

차 례

머리말 5

과학 방송국이 어떻게 생겼냐고요? 12

'과학 방송국'의 중요 인물들 14

1. 옛날에는 어떻게 수를 셌을까?

뉴스 눈금으로 수 발견 17

PD 사이언스 두 원주민 부족의 수 자랑 21

사건 사고 소식 원시인, 몸으로 커닝을 하다 27

뉴스 메소포타미아 사람들, 최초로 숫자 사용 32

뉴스 이집트 사람들, 독자적인 숫자 사용 35

뉴스 린드, 가장 오래된 수학책 발견 40

사건 사고 소식 이집트 수를 연구하던 학자, 변사체로 발견 42

뉴스 그리스 사람들, 최초로 알파벳 숫자 도입 46

시청자 과학 49

2. 숫자를 처음 발명한 사람은?

- 뉴스 로마 사람들, 아름다운 로마 숫자 발명 53
- 뉴스 점수를 내고도 진 야구 경기 58
- 뉴스 인도 숫자, 아라비아 숫자로 뒤바뀌어 62
- PD 사이언스 0과 나눗셈, 어떤 문제가 있나? 67
- 뉴스 세계 숫자학회, 0으로 나누는 것을 금지하는 법안 채택 71
- 시청자 과학 73

3. 걸리버는 몇 인분을 먹었을까?

- 뉴스 바빌로니아 사람들, 60진법 사용 81
- 뉴스 10진법, 국제 공인 진법으로 채택돼 86
- 뉴스 『걸리버 여행기』, 12진법 사용 논란 89
- 뉴스 라이프니츠, 0과 1만으로 모든 수를 표현할 수 있다고 주장 93
- PD 사이언스 2진법, 저울추의 혁명을 가져오다 97
- 시청자 과학 101

4. 0보다 작은 수는 뭐라고 부르지?

- 뉴스 바스카라, 0보다 작은 수 발견 107
- 뉴스 데카르트, 음수를 수직선에 나타내야 한다고 주장 111
- PD 사이언스 음수의 발견자 바스카라와의 대화 114
- 뉴스 바스카라, 음수의 곱셈 규칙을 발견 119
- 광고 영재들을 위한 수학책 『릴라바티』 124
- 시청자 과학 125

5. 최초로 분수를 발명한 사람은?

- 뉴스 이집트 사람들, 분수 발명 131
- 뉴스 이집트 사람들, 단위 분수로 임의의 분수를 나타내는 법 알아내 136
- 뉴스 스테빈, 소수를 발명하다 140
- 시청자 과학 145

6. 분수와 사이가 안 좋은 수는?

- **뉴스** 히파소스, 제곱하면 2가 되는 수를 발견 **151**
- **뉴스** 데데킨트, 무리수의 존재를 증명 **156**
- **뉴스** 이집트 사람들, 원주율 π 발견 **160**
- **PD 사이언스** 아르키메데스, 원주율의 공식을 찾다 **163**
- **시청자 과학** **167**

★ SBC 과학드라마

수잔 아줌마 깜짝 납치사건 **171**

이 책에 나오는 과학자들 **210**

과학 방송국이 어떻게 생겼냐고요?

　서기 2040년, 지구의 국가들은 하나의 국가로 통일되었습니다. 그리고 초대 지구대통령이 선출되었습니다. 이때까지만 해도 과학은 눈부신 발전을 이루었습니다.

　그러나 서기 2050년, 두 번째 지구 대통령으로 안티싸이가 선출된 후 과학은 위기를 맞이하였습니다.

　"과학은 인류의 적입니다. 그러므로 과학을 이 세상에서 영원히 추방하여야 합니다!"

　안티싸이는 자신이 과학을 매우 싫어한다는 이유로 과학자를 탄압하기 시작하였죠. 그는 이에 반발하는 각 연방과학자들을 총과 칼로 협박하고, 그럼에도 뜻을 굽히지 않는 과학자들은 다른 은하로 추방하기에 이르렀습니다.

　안티싸이의 독재정권 때문에 전 지구에는 과학의 암흑기가 찾아왔습니다. 과학에 관한 자료와 서적들은 불타 없어지고, 과학이론에 관해 연구하거나 가르치는 사람들은 처벌되었습니다.

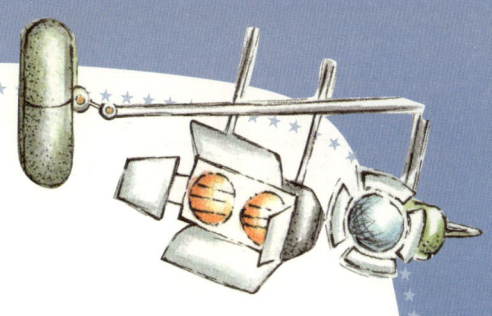

안티싸이의 정권이 물러난 이후에도 과학은 여전히 암흑기를 맞고 있었습니다. 과학 자료도 없고 과학을 연구한 사람들도 없었기 때문에 사람들은 매우 우수한 공학기술을 사용하면서도 그것이 어떻게 만들어진 건지 그 원리를 몰랐습니다. 그러던 중 다른 은하나 행성으로 추방당했던 과학자들이 지구로 돌아오고, 지구에는 서서히 과학을 다시 부활시키려는 움직임이 일어나고 있었습니다.

2100년, 드디어 한 과학자가 대통령이 되면서 '신르네상스 – 과학의 부활'이라는 새로운 계획을 발표하였습니다. 그 계획의 시작으로 사람들에게 과학을 재미있게 가르쳐 주기 위한 'SBC – 과학 방송국'이 세워집니다. 이 방송국은 웜홀을 통해 과거의 과학자를 데리고 오거나 특파원을 과거로 보내면서 국민들에게 가장 인기 있는 방송국이 되었고, 국민들은 이 방송을 통해 과학과 친숙해졌습니다.

자, 이제 시간과 공간을 뛰어넘는 재미있는 과학자들의 방송 속으로 여러분들을 초대합니다.

'과학 방송국'의 중요 인물들

메인앵커 겸 PD (남)

30대 중반. 점잖지만 간혹 오버를 하는 그런 캐릭터.

와핑 기자 (남)

시공간을 돌아다니며 취재를 하는, 20대의 젊고 끼가 있는 기자. 꽃미남 스타일이며 재치 있는 언변으로 시청자들에게 인기가 있다.

아미슈 (여)

약간 터프한 이미지의 노처녀 사회자로 과학자와의 면담을 재미있게 이끌어 나간다. 간혹 아는 척을 하다가 망신을 당하기도 하고 당돌한 면도 있다.

눈금으로 수 발견
- 언제인지 알 수 없는 아주 오랜 옛날

안녕하십니까? 오늘 첫 소식은 숫자의 발견에 대한 것입니다. 그동안 숫자가 없어서 많이 불편하셨지요? 이제 숫자를 처음 발견한 양치기 소년을 만나 보겠습니다. 와핑 기자 나와 주세요.

와핑: 저는 지금 숫자를 처음 발견한 양치기 소년을 만나러 왔습니다. 본인 소개를 부탁드립니다.

소년: 아버지가 돌아가신 후 저는 혼자 산 속에서 양을 기르며 살았어요. 다행히 아버님이 많은 양을 물려 주셨기 때문에 생활은 넉넉한 편이었죠.

와핑: 가만, 수를 모른다면서 어떻게 양이 많은지를 아는 거죠?

소년: 그냥 우리는 여러 마리가 있으면 많다고 생각해요.

와핑: 좋아요. 그럼 어떤 동기로 숫자를 만들게 되었나요?

소년: 어느 날부터 왠지 양이 점점 줄어든다는 생각이 들었어요. 그런데 수를 셀 수 없으니 정말로 줄어드는지를 알 수가 없었지요.

와핑: 그래서 어떻게 했나요?

소년: 밤이 되어 양을 우리에 넣을 때 커다란 동물의 뼈에 양의 수만큼 눈금을 새겼어요. 그리고 아침에 우리에서 양을 꺼낼 때 전날 새긴 눈금에 하나씩 동그라미를 쳤지요. 그런데 양이 모두 나온 후에도 눈금 하나에는 동그라미가 쳐지지 않았어요. 그러니까 그 전날 우리로 들어간 양의 수와 다음날 아침에 우리에서 나온 양의 수가 달랐던 거지요.

와핑: 한 마리 줄어들었군요.

 소년: 맞아요. 그래서 저는 양 도둑을 잡으려고 죽은 양의 탈을 쓰고 우리에 숨어 있었는데, 이웃 마을에 사는 고르비 씨가 양을 훔쳐 가더군요. 그래서 저는 미리 설치해 놓은 그물로 고르비 씨를 가둬 경찰에 신고했어요. 수를 셀 수 있었기 때문에 가능한 일이었지요.

와핑: 그렇군요. 이상 수를 세는 방법을 처음 알아낸 양치기 소년의 이야기를 전해 드렸습니다.

와핑 기자, 수고 많았습니다. '필요는 발명의 어머니' 라는 말처럼 정말 양 도둑을 잡으려다 수를 나타내는 방법을 발견하게 되었군요. 시청자 여러분, 어떻습니까? 양치기 소년이 발견한 수를 세는 방법은 세고자 하는 대상의 개수만큼 동물의 뼈에 눈금을 그리면 되는 간단한 방법입니다. 눈금이 많이 새겨지면 큰 수를, 적게 새겨지면 작은 수를 나타내지요. 정부는 양치기 소년의 아이디어를 내년 인구조사에 사용하기로 하고 인구 수만큼 눈금을 그릴 수 있는 초대형 공룡뼈를 구하고 있다고 합니다.

두 원주민 부족의 수 자랑

PD: 안녕하십니까? 오늘은 두 원주민 집단의 대표들을 모시고 최근에 어떻게 수를 헤아리고 계신지에 대해 알아보겠습니다. 오늘 이 자리에는 부시맨 부족의 대표인 부시마누 씨와 우가 부족 대표인 우가우가 씨를 모셨습니다. 먼저 부시마누 씨에게 묻겠습니다. 부시맨 부족은 수를 어떻게 헤아립니까?

부시: 하나, 둘 이런 식으로 헤아리지요.

PD: 당연히 둘은 하나가 두 개 모인 것이겠지요?

부시: 물론이죠.

🧑‍🦱 **PD**: 그럼 둘보다 하나 더 많은 것은 뭐죠?

👨 **부시**: 많다.

🧑‍🦱 **PD**: 그러니까 '1, 2, 3'은 곧 '하나, 둘, 많다'가 되는군요. 그럼 3보다 하나 더 많은 수는 어떻게 세죠?

👨 **부시**: 많다.

🧑‍🦱 **PD**: 4보다 하나 더 많은 수는요?

👨 **부시**: 많다.

🧑‍🦱 **PD**: 가만, 1과 2 다음 수는 모두 '많다' 입니까?

👨 **부시**: 당근이죠. 우리는 하나와 둘만 구별하면 돼요.

🧑‍🦱 **PD**: 그건 왜죠?

👨 **부시**: 하나는 혼자 사는 사람, 둘은 사랑에 빠진 사람을 가리키는 것이니까.

PD: 그럼 '많다'는요?

부시: 둘이 사랑에 빠져 아이를 낳으면 식구가 많아지니까 '많다'가 되는 거죠.

PD: 말이 좀 안되는군요.

부시: 우린 그게 편해요.

우가: 부시맨 부족은 원시인 중 제일 무식한 집단입니다.

부시: 누가 그런 헛소문을 내는 거야?

PD: 우가우가 씨, 인신 공격은 삼가세요.

우가: 알겠습니다.

PD: 그럼 우가 부족에서는 어떻게 수를 헤아리죠?

우가: 우리는 수를 아주 체계적으로 헤아리죠. 1은 우라편, 2는 오코사라고 부릅니다.

23

🧑‍🦱 PD: 3은요?

🦁 우가: 오코사 우라펀.

🧑‍🦱 PD: 4는요?

🦁 우가: 오코사 오코사.

🧑‍🦱 PD: 5는요?

🦁 우가: 오코사 오코사 우라펀.

🧑‍🦱 PD: 가만, 부시맨 부족과 마찬가지로 우가족에도 1과 2를 나타내는 말만 있잖아요?

🦁 우가: 하지만 부시맨 부족처럼 3 이상이 모두 '많다'가 되는 건 아니지요. 우린 덧셈의 원리를 이용했어요. 3은 1과 2가 모인 것이니까 '오코사 우라펀', 4는 2와 2가 모였으니까 '오코사 오코사', 5는 2와 2와 1이 모였으니까 '오코사 오코사 우라펀'이 된 거지요.

🧑‍🦱 PD: 듣고 보니 체계적입니다. 일단 1, 2만 헤아릴 줄 알고

25

3 이상의 수는 무조건 '많다'라고 읽는 부시맨 부족보다는 1과 2를 나타내는 수를 더해서 3 이상의 수들을 헤아리는 우가 부족이 좀 더 현대인에 가깝다는 결론을 내릴 수 있겠네요.

원시인, 몸으로 커닝을 하다

다섯 개의 원시인 부족들로 이루어진 아포로스 공화국에서 몸의 각 부분을 이용한 커닝이 밝혀져 화제가 되고 있습니다. 아포로스 공화국에서는 나랏일을 맡을 공무원을 뽑는 시험을 치렀는데 시험 문제는 모두 보기가 4개인 객관식이었습니다. 그런데 가장 무식한 부족으로 소문난 따오이 부족이 대대적으로 커닝을 해 많은 사람들이 공무원 시험에 합격했다고 합니다. 자세한 소식을 공무원 시험장을 취재하고 온 와핑 기자에게 물어 보겠습니다.

 와핑 기자. 대대적인 부정행위가 발견되었다는 것이 사실입니까?

🦁 와핑: 네, 사실입니다.

🐑 앵커: 몸을 이용했다고 하는데, 정확히 어떻게 부정행위를 한 것이죠?

🦁 와핑: 따오이 부족 사람들은 평균 아이큐가 두 자리 수입니다. 조상 대대로 머리가 좋지 않아 따오이 부족은 무식한 사람의 대명사로 통하고 있지요. 그런데 따오이 부족에서는 자기 부족 사람들이 공무원으로 많이 뽑히게 하기 위해 최근 자기 부족의 처녀와 결혼한 수 연구가인 넘베스트 씨를 공무원 시험장에 참석케 해 문제의 답을 부족 사람들에게 알려주는 방법으로 부정을 저지른 것입니다.

🐑 앵커: 넘베스트 씨는 어떤 사람이죠?

🦁 와핑: 그는 최근에 몸으로 수를 나타내는 유행을 일으킨 마을 사람입니다.

🐑 앵커: 몸으로 어떻게 수를 나타내나요?

와핑: 간단합니다. 오른손 새끼손가락부터 엄지손가락까지는 차례로 1부터 5까지의 수를 나타내고, 6은 오른쪽 손목, 7은 오른쪽 팔꿈치, 8은 오른쪽 어깨, 9는 오른쪽 귀, 10은 오른쪽 눈, 11은 코, 12는 입, 13은 왼쪽 눈, 14는 왼쪽 귀, 15는 왼쪽 어깨, 16은 왼쪽 팔꿈치, 17은 왼쪽 손목, 18부터 22는 왼손 엄지손가락부터 새끼손가락으로 나타내지요.

앵커: 그렇다면 이 체계에 따라 '우리 가족은 아홉 명입니다'를 말하면 '우리 가족은 오른쪽 귀입니다'가 되겠군요.

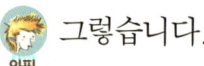

와핑: 그렇습니다.

앵커: 이번 공무원 시험 과목은 수학 한 과목이었는데, 그렇다면 수학 도사인 넘베스트 씨가 문제를 풀어서 답을 나타내는 신체 부위를 만지면 부족민들이 그 답을 쓰는 방식으로 부정행위를 했겠군요.

와핑: 맞습니다. 그 결과 따오이 부족의 응시생들은 모두 같

은 답을 적어 냈고 이를 이상하게 여긴 경찰이 결국 이들의 부정행위를 밝혀낸 것입니다.

원시인 부족들이라 순수할 줄 알았는데 꼭 그런 것만은 아니군요. 지금까지 '사건사고 소식'이었습니다.

메소포타미아 사람들, 최초로 숫자 사용

― 기원전 4000년, 메소포타미아

안녕하십니까? 시청자 여러분 드디어 세계 최초의 숫자가 발명되었습니다. 숫자를 최초로 발명한 사람들은 인류 4대 문명지 중의 하나인 메소포타미아의 사람들로, 이들은 진흙으로 만든 판자 위에 쐐기 모양의 문자를 새겨서 숫자를 나타냈다고 합니다. 지금 이 자리에는 세계 최초의 숫자를 발명한 메소링 박사가 나와 계십니다.

 박사님 안녕하십니까?

 반갑습니다.

 이번에 발명하신 숫자는 어떤 건가요?

🧓 메소링: 간단합니다. 쐐기 모양으로 수를 나타내는 거죠. 1부터 9까지는 Y자 모양으로 나타내고 10은 < 모양으로 나타내면 됩니다.

🧑 앵커: 그렇다면 예를 들어 35는 어떻게 나타내나요?

🧓 메소링: 35는 10+10+10+1+1+1+1+1이니까 다음과 같이 나타내면 됩니다.

$$35 = <<<YYYYY$$

🧑 앵커: 간단하군요.

🧓 메소링: 간단한 게 편하지 않을까요?

🧑 앵커: 그렇군요. 좋은 말씀 감사드립니다. 그리고 숫자에 대한 좀 더 많은 연구 결과를 기원합니다.

🧓 메소링: 감사합니다.

지금까지 메소링 박사와 세계 최초의 수에 대한 이야기

를 나누었습니다. 세계 수학회는 메소링 박사의 수를 '쐐기 수' 또는 '메소포타미아 수'라고 이름 붙이고 이것을 세계 최초의 숫자로 공식 인정하기로 결정했다고 합니다. 이상 메소포타미아에서 전해 드렸습니다.

이집트 사람들,
독자적인 숫자 사용

– 기원전 3000년, 이집트

메소포타미아 문명과 더불어 세계 4대 문명 중의 하나인 이집트 문명의 사람들이 메소포타미아의 숫자를 사용하지 않고 자신들의 독자적인 숫자를 사용하기로 결정했다고 합니다. 자세한 소식을 와핑 기자가 전해 드리겠습니다.

와핑　안녕하십니까? 본인 소개를 부탁드립니다.

수크라　난 이집트에서 수학을 제일 잘하는 수크라라고 합니다.

와핑　이번에 이집트인들이 새로운 수를 만들어 냈다고 하는데 어떤 건가요?

수크라　그전에, 우리는 최초로 종이를 만들어 낸 우수한 민족이라는 것부터 말해야겠습니다.

 어떤 종이를 만드셨나요?

 파피루스라는 건데 물풀로 만든 종이지요.

 그럼 만드신 수를 좀 소개해 주시지요.

 간단해요. 1부터 9까지는 작대기 하나씩 그리면 되지요.

$$1 = \text{I}$$
$$2 = \text{II}$$
$$3 = \text{III}$$
$$4 = \text{IIII}$$
$$5 = \text{IIIII}$$
$$6 = \text{IIIIII}$$
$$7 = \text{IIIIIII}$$
$$8 = \text{IIIIIIII}$$
$$9 = \text{IIIIIIIII}$$

외핑: 간단하군요. 그럼 10은 IIIIIIIIII인가요?

수크라: 그러기엔 작대기가 너무 많잖아요? 그래서 10은 ∩ 로 나타내지요. 그러니까 13은 ∩III이 되는 거에요.

외핑: 20은요?

수크라: 20은 10이 두 개 모인 거니까 ∩∩라고 쓰면 되지요. 기자 양반, 그럼 25를 그릴 수 있겠지요?

외핑: ∩∩IIIII

수크라: 잘 이해하시는군요.

외핑: 초등학생 수준인 걸요. 그럼 100, 1000, 10000과 같은 큰 수는 어떻게 나타내죠?

수크라: 100은 다음과 같이 나타냅니다.

외핑: 이건 무슨 그림인가요?

측량에 사용하는 새끼줄 모양이지요.

 그럼 1000은요?

 1000은 다음과 같이 연꽃 모양이에요. 연꽃이 천 개 정도로 많아 보여서 그렇게 나타낸 거죠.

 10000은 어떻게 나타내죠?

 손가락으로 나타내지요. 이건 손가락을 사용하여 처음 수를 헤아렸다는 것을 기념하기 위해서 그린 거예요.

 생각이 기발하시군요. 아무튼 좋은 숫자의 발견을 축하드립니다. 이상 와핑 기자였습니다.

린드, 가장 오래된 수학책 발견
― 1858년, 영국

안녕하십니까? 지금은 19세기입니다. 휴양차 이집트에 머물고 있던 영국 스코틀랜드의 헨리 린드라는 젊은 골동품 수집가가, 테베의 작은 고대 건물 폐허 속에서 발견되었다는 꽤 큰 파피루스를 샀습니다. 파피루스란 옛 이집트의 연못 등에서 나는 일종의 물풀인데, 그것으로 만든 종이 역시 그 물풀의 이름을 따서 파피루스라고 부릅니다. 린드가 구입한 이 파피루스는 기원전 1700년경에 아메스라는 이집트 사람이 쓴 수학 교과서로, 가장 오래된 수학책입니다. 본래 이 파피루스는 길이가 약 5미터, 폭이 약 30센티미터쯤 되었던 것인데, 이것이 두 부분으로 찢긴 후 한 조각은 이번에 린드의 손에 들어갔고, 다른 한 조각은 분실되었습니다.

  린드는 5년 후 폐결핵으로 죽었는데, 그 후 이 파피루스는 영국의 대영박물관으로 넘어갔고 훗날 우연히 분실된 반쪽도 찾게 되었다고 합니다. 이상 대영박물관에서 전해 드렸습니다.

이집트 수를 연구하던 학자, 변사체로 발견

이집트 수에 대한 보도가 나간 후 많은 사람들이 이집트 수를 연구하기 시작했습니다. 그러던 중에 고대 수 연구 세미나에 참석 중이었던 피르넘 박사가 변사체로 발견되었다고 합니다. 피르넘 박사를 비롯한 세미나 참석자들은 모두 200명이었고 이들은 모두 피랑 호텔에 투숙하고 있었습니다. 현장 호텔 종업원의 말을 들어 보겠습니다.

"어제 박사님께서 '내일 아침에는 세미나에 참석해야 하니 9시쯤 깨워 주게'라고 하셔서 그 시간에 방을 노크했습니다. 하지만 대답이 없어 문을 열고 들어갔지요. 그런데 피르넘 박사가 쓰러져 있고 옆에는 먹다 남은 스파게티 면으로 9자 모양 두 개가 그려져 있었어요."

 사건을 수사하고 있는 경찰은 두 개의 9 모양이 박사가 자신을 죽인 범인이 99와 관련 있음을 암시하려고 남긴 것이라며 99호에 투숙하고 있는 어구래 박사를 의심하고 있습니다.
 그러던 중 저희 SBC 방송에 새로운 제보가 들어왔습니다. 지금 제보자와 통화를 해 보겠습니다.

🧑 앵커: 안녕하세요. 어떤 제보를 하시려고 전화를 주셨나요?

❓ 제보자: 범인은 99호의 투숙객이 아닐 수도 있어요.

🧑 앵커: 왜죠?

❓ 제보자: 피르넘 박사는 이집트 수를 연구하잖아요? 그러니까 그가 죽으면서 남긴 9 모양 두 개는 99가 아니라 200을 나타내는 것일 수 있어요.

🧑 앵커: 어째서 그런 건가요?

❓ 제보자: 이집트 수에서는 100을 9자 모양의 기호로 나타내기 때문이지요.

🧑 앵커: 그럴 수 있겠군요.

속보입니다. 이 사건을 수사 중인 토미 경감은 이 방송을 보자마자 200호에 투숙 중인 키르러 박사의 방을 수색, 범행에 사용한 것으로 보이는 흉기를 발견했다고 합니다.

저희 SBC는 항상 시청자의 제보를 소중히 여깁니다. 많은 제보 부탁드립니다. 이상 피르넘 박사 사건 관련 뉴스를 마칩니다.

> **잠깐!**
>
> **린드파피루스란?**
>
> BC 1650년경에 만들어진 것으로 추정되는 가장 오래된 수학책의 하나이다. 내용적 측면으로는 수록된 것이 대부분 실용적인 문제들로 일상생활과 밀접한 관계가 있는 것으로 보아 이집트의 실용적인 수학책으로 생각된다. 특이한 점은 공식이 전혀 나타나 있지 않다는 것이다. 면적이나 체적의 구적법, 급수의 해법 등에서도 공식을 전혀 사용하지 않았다.

그리스 사람들, 최초로 알파벳 숫자 도입

— 기원전 450년, 그리스

그리스 사람들이 알파벳을 이용하여 수를 나타내는 방법을 처음으로 도입했습니다. 그들은 그리스 알파벳인 α, β, γ, ……를 각각 1, 2, 3,……에 대응시키는 방법으로 다음과 같은 그리스 숫자를 만들었습니다.

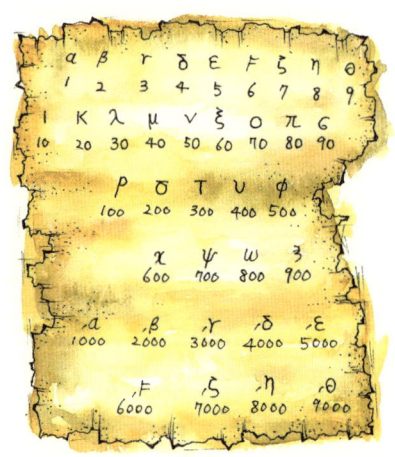

지금 이 자리에는 그리스 수를 처음 발명한 수꼬라테스가 나와 있습니다.

🟢 **앵커** 수를 발견한 동기는 뭔가요?

🟠 **수꼬** 우리 그리스 사람들은 알파벳을 사용하잖아요? 그래서 '수도 알파벳으로 나타내면 어떨까' 하고 생각하다가 그냥 알파벳 하나에 수를 대응시킨 것뿐입니다.

🟢 **앵커** 단순한 착상이었군요.

🟠 **수꼬** 단순한 게 제일 아름다운 거죠. 그래서 1000부터 9000까지는 1부터 9까지를 나타내는 알파벳 앞에 콤마를 찍었어요. 예를 들어 3458은 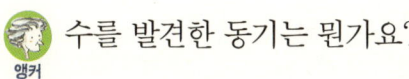이 되지요.

🟢 **앵커** 왜 새로운 알파벳을 사용하지 않았나요?

🟠 **수꼬** 알파벳의 종류가 모자라기 때문이죠.

🟢 **앵커** 지금 표에는 10000을 나타내는 기호가 없는데요?

10000부터는 다음과 같이 나타내기로 했어요.

$$10000 = M$$
$$20000 = \overset{\beta}{M}$$
$$30000 = \overset{\gamma}{M}$$

 그럼 십만은요?

 그건 너무 큰 수라서 아직은 사용할 필요성을 못 느껴 안 만들었어요.

 그렇군요. 지금까지 세계 최초로 알파벳 수를 만든 그리스의 수꼬라테스와의 인터뷰였습니다.

시청자 ★ 과학

{ 안녕하세요. 시청자 과학을 진행하는 쿨레클린입니다. 뭐든지 물어보세요. 22세기 첨단 과학이 낳은 과학 자동 답변기가 친절히 답변해 드리겠습니다. }

이집트 수에서 십만, 백만, 천만은 어떻게 나타내나요?

십만은 올챙이로, 백만은 손을 번쩍 든 사람으로 나타냈습니다. 백만이라는 수는 너무 커서 사람이 놀랄 정도이기 때문이지요. 천만은 태양의 모습으로 나타냈는데, 이집트에서는 천만을 무한의 수라고 생각해서 태양신으로 나타낸 것이랍니다.

십만

백만

로마 사람들, 아름다운 로마 숫자 발명

– 로마 시대, 로마

그리스 시대가 쇠퇴하고 로마 시대가 도래했습니다. '새 술은 새 부대에 붓는다'는 말처럼 로마 사람들은 그리스 숫자를 거부하고 새로운 수를 개발했습니다. 이번에 로마 숫자를 개발한 로물로 박사를 이 자리에 모셨습니다.

 이번에 로마 숫자를 만드셨죠?

 네.

 로마 숫자는 어떤 건가요?

 간단합니다. 로마 숫자로 1, 2, 3을 나타내면 다음과 같지요.

1 = I , 2 = II , 3 = III

 그럼 4는 IIII가 되겠군요.

 틀렸습니다.

 으음? 이상하군요.

 로마 숫자는 5를 단위로 하여 새로운 기호를 만듭니다. 즉, 5, 6, 7, 8은 다음과 같지요.

5 = V, 6 = VI, 7 = VII, 8 = VIII

 그럼 9는 VIIII 이겠네요.

 아닙니다.

 거 참, 정말 이상하군요.

 로마 숫자에서는 같은 기호를 네 개 이상 연속해서 쓰지 않습니다. 대신 4는 5보다 1이 작다는 뜻으로 5를 나타내는 V 앞에 1을 나타내는 I를 써서 IV로 나타냅니다.

앵커: 9는 어떻게 나타내죠?

로물로: 9를 표시하기 위해서는 그전에 10을 나타내는 기호를 먼저 정의해야 합니다. 10을 뜻하는 기호는 X입니다.

앵커: 그렇다면 9는 10보다 1이 작은 수이니까 IX라고 쓰겠군요.

로물로: 처음으로 맞추셨네요.

앵커: 이제 로마 숫자의 원리를 알 것 같습니다.

로물로: 이런 식으로 하면 11부터 14는 다음과 같지요.

　　　11 = XI, 12 = XII, 13 = XIII, 14 = XIV

앵커: 이제 완벽하게 이해한 것 같습니다. 시험 삼아 문제를 하나 내 보세요.

로물로: 그래요? 그럼 29를 나타내 보세요.

29=10+10+9이니까 XXIX겠네요.

 잘 하시네요.

 하지만 40을 나타내려면 50을 나타내는 기호가 필요하고, 90을 나타내려면 100을 나타내는 기호가 필요하잖아요?

 물론입니다. 로마 숫자로 큰 수를 나타내려면 그것보다 더 큰 수를 나타내는 기호가 필요합니다. 말씀하신 대로 40을 나타내려면 우선 50을 나타내는 기호가 필요한데, 50은 L로 나타냅니다. 따라서 40은 50보다 10이 작은 수이니 XL로 나타낼 수 있지요.

또한 100은 C로 표시하고, 500과 1000은 각각 D와 M으로 나타냅니다.

로마 숫자란?

지금은 아라비아 숫자(인도 숫자)가 주로 사용되고 있으나, 로마 숫자도 시계의 문자판, 문장의 장절 표시 등에 사용된다. 로마 숫자는 Ⅳ(5-1=4), Ⅵ(5+1=6)의 표기법과 같이 5진법의 자취를 엿볼 수 있으며, 숫자의 왼쪽은 뺄셈, 오른쪽은 덧셈으로 되어 있음을 알 수 있다.

점수를 내고도 진 야구 경기
– 0이 발견되기 바로 직전, 어딘지 몰라

안녕하십니까? 최근 골때려 팀과 열받아 팀의 야구 시합에서 이상한 소동이 벌어졌다고 합니다. 경기를 취재하고 온 베이스 기자가 이 자리에 나와 있습니다.

 베이스 기자. 어떤 소동이 벌어진 거죠?

 사건은 국내 최고의 라이벌인 골때려 팀과 열받아 팀의 결승전에서 일어났습니다. 9회초는 열받아 팀의 마지막 공격이었고 스코어는 9:3으로 열받아 팀이 리드하고 있었지요. 투아웃에 주자 3루 상태에서 열받아 팀의 4번 타자 뚜껑열려 선수가 등장했어요. 골때려 팀의 투수 마구던져 선수가 공을 던졌고 깡~하는 소리와 함께 공은 1, 2루 간의 안타가 되어 3루 주자가 홈으로 들어왔지요. 그런데 스코어보드에는 1 :3으로 표시되어 버렸어요.

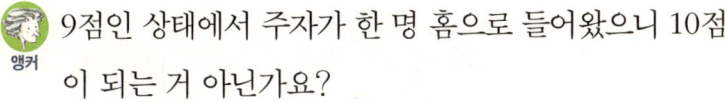 9점인 상태에서 주자가 한 명 홈으로 들어왔으니 10점이 되는 거 아닌가요?

지금은 영이 없잖아요? 그래서 영이 있는 자리를 비워두고 1 :3이라고 나타낸 거죠.

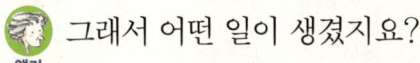 그래서 어떤 일이 생겼지요?

후속 타자는 삼진으로 물러났어요. 그리고 십 대 삼으로 열받아 팀이 이기고 있었으니 마지막으로 골때려 팀의 9회말 공격이 남은 거잖아요? 그런데 심판은 경기를 중단하고 골때려 팀의 승리를 선언했어요.

 왜죠?

스코어보드의 1 :3을 멀리서 본 주심이 이것을 1:3이라고 생각한 거지요. 즉, 열받아 팀이 9회초까지 지고

있었으니 9회말 골때려 팀의 공격은 필요 없다고 여긴 것이죠.

🗣 앵커: 정말 웃지 못 할 일이 벌어졌군요.

🗣 베이스: 이 모든 게 영을 나타내는 기호가 없어서 벌어진 일이라 할 수 있죠.

🗣 앵커: 앗, 이게 뭐죠? 누가 저에게 쪽지를 보냈군요!

속보입니다. 인도의 브라마굽타가 영을 나타내는 기호를 0으로 쓰자고 주장했습니다. 그는 십을 나타낼 때는 0을 한 개 사용하여 10으로 쓰고, 백을 나타낼 때는 0을 두 개 사용하여 100으로 쓰자고 주장했습니다. 브라마굽타의 기호 0은 그동안 일과 십과 백을 모두 1로 표시함으로써 생겼던 혼란을 없앨 수 있는 획기적인 일로 평가되어 결국 세계 숫자학회에서는 브라마굽타의 0을 당장 도입하기로 결정했다고 합니다.

인도 숫자, 아라비아 숫자로 뒤바뀌어

— 중세, 아라비아

　최근 아라비아 숫자의 최초 발명자가 아라비아인이 아닌 인도인들이라는 의견이 거세지고 있습니다. 그래서 저희 취재팀에서는 이 문제를 집중 조명해 보기로 결정했습니다. 이 자리에는 이 문제를 심층 취재하고 온 와핑 기자가 나와 있습니다.

앵커 와핑 기자. 우선 시청자들을 위해 아라비아 숫자가 뭔지 간단히 소개를 부탁드립니다.

와핑 아라비아 숫자는 다음과 같이 열 개의 기호를 사용하여 이 세상의 모든 수를 나타냅니다.
　　　0 1 2 3 4 5 6 7 8 9

🐴 이 방법으로 모든 수를 나타낸다고요? 그럼 9보다 큰 수는 어떻게 나타내지요?

🦁 10으로 표시합니다. 그리고 10보다 1 큰 수는 11이 되고요.

🐴 가만, 10은 1과 0이 있으니까 1+0이 되어 결국 1이 아닌가요? 그리고 11은 1이 두 개이니까 1+1=2가 되고 말이죠.

🦁 로마 숫자의 경우는 그렇지만 아라비아 숫자에서는 그렇지 않습니다. 11에서 앞에 있는 1과 뒤에 있는 1은 다르기 때문이지요.

🐴 같은 1인데 뭐가 다르다는 거죠?

🦁 앞의 1은 10의 자리를 나타내는 수로 열을 뜻하고, 뒤의 1은 1의 자리를 나타내는 수로 하나를 나타내지요. 즉, 11=10+1인 것입니다.

🐴 아하! 이런 식이라면 아주 큰 수도 이 열 개의 숫자로

모두 나타낼 수 있겠군요.

그렇습니다.

그런데 이 숫자를 만든 사람이 왜 최근 문제가 되고 있는 거죠?

이 숫자들은 아라비아 숫자로 불리고 있는데, 사실은 아라비아 사람들이 만든 것이 아니기 때문이지요.

그럼 누가 만들었나요?

최근 인도 사람들이 만든 것으로 새롭게 알려졌습니다.

인도 사람이 만들었는데 왜 인도 숫자라고 안 부르고 아라비아 숫자라고 부르는 거죠?

아라비아에는 상인들이 많습니다. 상인들은 물건을 사고팔기 때문에 셈을 정확하게 할 필요가 있지요. 그런데 아라비아 상인들이 인도에 놀러 갔다가 인도 사람들이 쓰는 숫자가 너무 편리해서 유럽 사람들에게 물건을 팔 때 이 숫자를 사용했어요. 그리고 유럽 사람들도 이 숫자가 편리해서 사용하기 시작했는데 그때부터 유럽 사람들은 이 숫자가 아라비아 사람들이 만든 것으로 기록하게 된 거지요.

 그랬군요. 그렇다면 우리 과학 방송국에서는 올바른 과학의 역사를 전달해야 하므로 앞으로 계속 이 숫자가 나올 때마다 인도 숫자라고 부르겠습니다.

0과 나눗셈, 어떤 문제가 있나?

PD 안녕하십니까? 최근 0의 발견이 국민들에게 큰 희망을 주고 있습니다. 일단 0이라는 숫자가 동그라미 모양이어서 많은 젊은이들이 0을 새긴 셔츠를 입고 거리를 활보하는 등 0에 대한 관심이 점점 더 고조되고 있습니다.

그런 가운데 수학자인 지어로 박사가 '0은 나눗셈에 있어 문제를 일으키므로 숫자에서 제외시켜야 한다'는 주장을 펴고 있는데, 이번 'PD 사이언스'에서는 이 문제를 집중 조명해 보기로 했습니다.

안녕하세요. 지어로 박사님. 나와 주셔서 감사합니다.

 지어로 천만에요. 당연히 나와야죠.

PD: 시간 관계상 바로 본론으로 들어가죠. 0이 나눗셈과 문제를 일으킨다고 했는데 다른 셈과는 문제가 없나요?

지어로: 없습니다. 0을 더하는 것은 곧 아무 수도 더하지 않는 것과 같으므로 어떤 수와 0과의 덧셈은 그 수가 되지요. 예를 들어 3+0은 3입니다. 또한 어떤 수에서 0을 뺀다는 것은 아무것도 빼지 않는 것과 같으므로 그 수 자신이 됩니다. 즉, 3-0은 3이지요. 또한 어떤 수에 0을 곱하면 그 수는 0이 됩니다. 즉, 3×0은 0이 되지요.

PD: 그렇다면 나눗셈도 정의가 될 것 같은데요.

지어로: 그럴까요? 나눗셈의 의미를 한번 생각해 보죠. 여섯 개의 빵을 세 명에게 나누어 준다면 한 사람당 몇 개의 빵이 돌아가죠?

PD: 그야 두 개씩이지요.

지어로: 맞아요. 그걸 식으로 쓰면 6÷3=2죠. 그럼 여섯 개의 빵을 0명에게 나누어 주면 한 사람에게 몇 개씩 돌아가죠?

PD 헉! 황당한 질문이군요. 0명은 아무도 없다는 얘기잖아요? 그런데 어떻게 나누어 주죠?

지어로 맞아요. 이렇게 0으로 나누는 것은 의미가 없지요. 0으로 나눌 수 없는 다른 이유를 살펴보죠. 2×0은 얼마죠?

PD 0이지요.

지어로 그걸 다음과 같이 쓰죠.

$$2 \times 0 = 0$$

PD 가만, 지금 0으로 나누는 얘기를 하는 중 아닌가요? 웬 곱셈이죠?

지어로 0으로 나눌 수 있다는 것을 가정하고 이 식을 보죠. 그리고 양변을 0으로 나누면 2×0÷0=0÷0이 돼요. 그런데 우변은 0÷0=1이 되고 좌변은 2에 어떤 수를 곱했다가 다시 그 수로 나누었으니까 2 자신이 되지요? 즉, 2=1이라는 식이 되잖아요? 이게 말이 되나요?

PD : 말이 안되지요.

지어로 : 말이 안되는 이유는 바로 '0으로 나눌 수 있다'는 전제 때문이에요.

PD : 그렇군요. 이제 이해가 되네요. 좋은 제보 감사드립니다. 우리는 지금까지 지어로 박사를 모시고 0으로 나누면 수학이 이상해진다는 사실을 알게 되었습니다. 지금까지 'PD 사이언스'였습니다.

뉴~스

세계 숫자학회, 0으로 나누는 것을 금지하는 법안 채택

- 중세, 유럽

　본 방송국의 'PD 사이언스'에서 '0과 나눗셈, 어떤 문제가 있나' 편이 방송된 후 세계 숫자학회에서는 숫자학의 권위자들이 모여 이 문제를 심도 있게 논의했습니다. 회의에 참가한 한 학자의 말을 들어 보겠습니다.

　"지어로 박사의 말이 맞는 거 같아요. 아무리 0으로 나눈 값을 구하려 해도 소용이 없었지요. 그래서 결국 우리는 0으로 나누면 답이 안 나온다고 생각하게 되었어요."

　세계 숫자학회는 '0은 아무것도 없음을 나타낼 때 꼭 필요하므로 숫자로 인정하되, 0으로 나누는 것은 모든 수학에서 금지한다'는 사칙연산법을 만장일치로 통과시켰습니다. 이상 'SBC 뉴스'였습니다.

{ 안녕하세요. 시청자 과학을 진행하는 쿨 레클린입니다. 뭐든지 물어보세요. 22세기 첨단 과학이 낳은 과학 자동 답변기가 친절히 답변해 드리겠습니다. }

로마 숫자에서는 왜 5를 V로, 10을 X로 나타내는 거죠?

로마 사람들은 손가락의 모양에서 두 기호를 고안했어요. 5는 한 손가락의 수를 나타내므로 다음 그림과 같죠.

10을 나타내는 기호는 다음 그림처럼 양 손을 붙인 모양에서 나왔답니다.

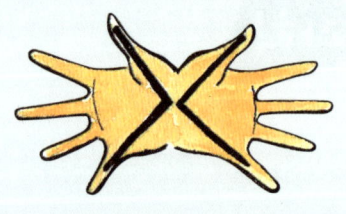

로마 숫자로 5000 이상의 수는 어떻게 나타내죠?

다음과 같이 나타내요.

$\overline{V}=5000$ $\overline{X}=10000$ $\overline{L}=50000$ $\overline{C}=100000$

$\overline{D}=500000$ $\overline{M}=1000000$

예를 들어 924587 은 다음과 같이 나타내죠.

$\overline{CMXXIV}DLXXXVII$

왜 서기 0년은 없지요?

서기를 정한 사람은 로마의 디오니시우스였는데 그가 살던 시대에는 0이 없었습니다. 그래서 서기연도의 시작을 서기 1년 1월 1일로 정하게 된 거죠. 즉, 0이 너무 늦게 태어났기 때문에 서기 0년이 없는 것이랍니다.

1부터 9까지의 수에는 어떤 의미가 있나요?

아주 옛날 사람들은 숫자가 어떤 의미를 가진다고 생각했어요. 1부터 9까지 옛날 사람들이 생각한 의미는 다음과 같죠.

1

고대 그리스의 수학자 피타고라스는 1을 가장 존경받는 수인 신의 수라고 생각했어요. 그러니까 1은 사물의 기본이 되는 수이지요.

2

2는 1과 대립이 되는 수로 여겨졌어요. 1이 선의 상징이라면 2는 악의 상징이지요. 서양에서는 1월 1일은 신성한 날로 여기고 2월 2일은 악마의 날이라고 부를 정도로 2를 싫어해요. 하지만 요즈음과 같은 인터넷 시대에서 2는 아주 중요한 수이죠. 컴퓨터는 2진법을 사용하니까요.

3

1과 2가 선과 악을 상징한다면 3(=1+2)은 선과 악의 조화의 수예요. 다시 말해 3은 완전한 수라고 할 수 있지요. 하지만 피타고라스는 1을 신의 수, 2를 여성의 수, 3을 남성의 수라고 생각했답니다.

4

4는 동서남북을 나타내는 수이자 창조를 나타내는 수라고 여겨졌어요. 하지만 우리나라 사람들이 아주 싫어하는 수이기도 하지요.

5

사람의 손가락은 다섯 개지요? 그래서 옛날 사람들은 자연스럽게 5진법을 사용했어요. 5를 V로 나타내는 로마 숫자도 5진법의 한 예에 해당하지요.

6

6은 타락이나 죽음을 나타내는 악마의 수로 여겨졌어요. 그래서 서양 사람들은 666을 저주를 뜻하는 수로 생각하지요.

7

사람들은 7은 행운을 나타내는 수라고 생각했어요. 그래서 일주일을 7일로 택했답니다.

8

8은 성스러운 천국의 수로 여겨져서, 서양에서는 888을 666과 반대로 부활을 나타내는 수로 생각하기도 했어요.

9

동양에서는 9가 '많음'을 나타내는 수이고, 그래서 장수를 뜻하기도 하지요. 중국 사람들이 제일 결혼하고 싶어 하는 날도 9월 9일이랍니다.

바빌로니아 사람들, 60진법 사용

– 아주 오래 전, 바빌로니아

안녕하십니까? 오늘은 바빌로니아 사람들이 60진법을 사용하기로 결정했다는 소식을 전해 드리려 합니다. 지금 이 자리에는 바빌로니아의 수학연구관인 육시비조아 씨가 나와 있습니다.

 60진법을 사용한다는데 정확히 무슨 뜻인가요?

 바빌로니아의 수는 바로 메소포타미아의 수입니다. 그러니까 10은 <, 1은 Y로 나타내지요. 이런 식이라면 59는 다음과 같습니다.

<<<<<YYYYYYYYY

60은 <<<<<< 인가요?

 아닙니다. 60은 Y '로 나타내지요.

 왜 60과 1을 나타내는 기호가 같지요?

 자세히 보세요. Y 다음에 빈 칸이 있잖아요?

 그건 항상 있는 거 아닌가요?

 아무튼 우리는 60이 되면 자릿수가 하나 올라가 1이 되는 방법을 쓰기로 했어요. 예를 들어 61은 60+1이니까 Y Y로 나타내지요.

 으음? 이건 2와 같잖아요?

 2는 YY지요.

 이건 61과 같잖아요?

 61은 두 Y의 가운데가 비어 있잖아요?

🧑 앵커: 상당히 불편한 진법이군요. 왜 이런 불편한 진법을 쓰는 거죠?

🧑 육시비: 60이 약수가 많기 때문이지요.

🧑 앵커: 그게 무슨 말인가요?

🧑 육시비: 60은 1, 2, 3, 4, 5, 6 등으로 나뉠 수 있어요. 그러니까 피자 한 판을 여러 사람에게 똑같이 나누어 줄 때 아주 편리하지요.

🧑 앵커: 하지만 7로는 나누어지지 않잖아요?

🧑 육시비: 저희 바빌로니아에서는 7명이 피자 한 판을 시키는 것은 법으로 금지하고 있습니다.

🧑 앵커: 말도 안되는 법이군요.

🧑 육시비: 생각하기 나름이지요.

🧑 앵커: 아무튼 좋은 말씀 감사드립니다.

지금까지 바빌로니아 사람들이 60진법을 사용한다는 소식을 전해 드렸습니다.

잠깐!

60진법이란?
수를 나타내는 방법의 하나로 60씩 한 묶음으로 하여 자리를 올려가는 방법인데, 옛날 바빌로니아에서 사용된 기수법이며, 현재에도 60초를 1분, 60분을 1시간으로 하는 시간 단위와 각도의 단위 등에 사용된다.

10진법, 국제 공인 진법으로 채택돼

- 중세, 유럽

  인도-아라비아 숫자가 전 세계 사람들에게 유행처럼 번지면서 모든 나라에서 10, 100, 1000을 기본 단위로 하는 화폐가 만들어졌습니다. 그러자 그동안 나라마다 다른 진법을 써 오던 것이 국제 무역에서 걸림돌로 작용하면서, 모든 나라 사람들이 이해할 수 있는 10진법이 국제적인 진법으로 점차 자리를 잡아가고 있습니다. 결국 세계 숫자학회는 10진법을 세계 공인 진법으로 결정했습니다. 그럼 10진법에 대한 취재를 마치고 방금 돌아온 와핑 기자와 간단히 10진법에 대해 알아보겠습니다.

 안녕하십니까? 가장 인기 많은 기자 와핑입니다.

앵커: 근거 없는 소리는 그만 하시고 본론으로 들어갑시다. 10진법이라는 게 뭡니까?

외퐁: 수를 나타낼 때 자리가 하나씩 올라감에 따라 자리의 값이 열 배씩 커지게 수를 표시하는 방법을 10진법이라고 하고, 이렇게 나타낸 수를 10진법의 수라고 합니다.

앵커: 잘 이해가 안되는군요. 좀 쉽게 설명해 주시지요.

외퐁: 예를 들어 324라는 숫자를 보죠. 이 수는 삼백이십사라고 읽습니다. 여기에서 3은 300, 2는 20, 4는 4를 나타내지요. 이렇게 어떤 숫자가 어떤 자리에 있는가에 따라 그 숫자가 나타내는 실제의 수는 달라집니다. 이때 각 자리는 100의 자리, 10의 자리, 1의 자리라고 불립니다.

3   4   2
↓   ↓   ↓
100의 자리   10의 자리   1의 자리

그럼 각 자리에 올 수 있는 수에는 몇 종류가 있나요?

 0, 1, 2, 3, 4, 5, 6, 7, 8, 9 등 열 개의 숫자가 각 자리에 올 수 있습니다. 물론 맨 앞자리에는 0이 올 수 없죠. 032라는 수는 없으니까요. 이렇게 1의 자리, 10의 자리, 100의 자리, 1000의 자리에 0, 1, 2, 3, 4, 5, 6, 7, 8, 9 중 하나의 숫자를 넣어서 수를 나타내는 방법을 10진법이라고 합니다.

 그럼 이제 열 개의 숫자만으로 모든 수를 나타낼 수 있겠군요.

 그렇습니다. 이 열 개의 수가 바로 인도-아라비아 숫자인 것이지요.

 잘 알겠습니다. 이제부터 SBC에서는 오로지 10진법만을 사용하여 수를 나타내겠습니다.

『걸리버 여행기』, 12진법 사용 논란

— 1726년, 영국

영국의 스위프트가 쓴 인기 동화 『걸리버 여행기』에서 10진법이 아닌 12진법이 사용되었다고 하여 논란이 되고 있습니다. 과연 어디에서 12진법이 사용되었는지 궁금해하는 시청자들을 위해 스위프트 씨를 이 자리에 모셨습니다.

앵커: 안녕하십니까? 요즘 우리 아이들이 『걸리버 여행기』를 열심히 보고 있습니다.

스위프트: 고맙습니다.

앵커: 『걸리버 여행기』에서 12진법이 사용되었다는 것이 사실인가요?

🧑‍🦳 네. 그렇습니다.
스위프트

👩 어느 부분에서 12진법을 사용한 거죠?
앵커

🧑‍🦳 걸리버가 소인국의 나라를 여행했을 때죠. 소인국 사
스위프트 람들은 그들의 1728인분 식사를 걸리버의 한 끼 식사
로 주었습니다.

👩 그건 걸리버가 크기 때문에 그런 거 아닌가요? 가만,
앵커 그런데 왜 하필 2000인분도 아닌 1728인분이지요?

🧑‍🦳 이 부분이 바로 12진법을 사용한 부분입니다.
스위프트

👩 잘 이해가 안 가는군요.
앵커

🧑‍🦳 $1728 = 12 \times 12 \times 12$입니다.
스위프트

👩 12를 세 번 곱한 수가 1728이군요.
앵커

🧑‍🦳 그렇습니다. 이것은 바로 걸리버의 키가 소인국 사람
스위프트 들의 키의 열두 배이기 때문이지요.

그럼 열두 명분을 먹으면 되는 거 아닌가요?

 아닙니다. 사람의 먹는 양은 위의 부피에 비례합니다. 그러므로 키가 열두 배이면 부피는 12×12×12=1728(배)이 되고 위의 부피도 1728배이므로 걸리버는 소인국 사람들 1728명분의 식사를 한 끼에 먹어야 하는 거죠.

 그렇군요. 지금까지 걸리버 여행기의 작가 스위프트 씨와 12진법이 사용된 배경에 대해 알아보았습니다. 스위프트 씨와 이야기를 하다 보니 『걸리버 여행기』는 단순한 동화가 아니라 진법에 대해 공부할 수 있는 수학 동화로 인정받아야 한다는 생각이 듭니다.
아, 긴급 속보가 들어왔습니다. 하루 협회에서는 하루를 오전과 오후의 두 부분으로 나누고 각각을 12등분하여 시간을 나타내는 12진법을 사용하기로 결정했다고 합니다.

뉴~스

라이프니츠, 0과 1만으로 모든 수를 표현할 수 있다고 주장

- 1680년, 독일

독일의 수학자 라이프니츠가 0과 1만으로 모든 수를 나타낼 수 있다고 주장해 화제가 되고 있습니다. 라이프니츠는 자신의 진법체계를 2진법이라고 밝혔는데 10진법 신봉자들은 라이프니츠가 사기를 치고 있다며 그를 고소할 움직임을 보이고 있습니다. 와핑 기자가 라이프니츠를 만나 보았습니다.

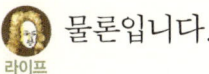
와핑   0과 1만으로 모든 수를 나타낼 수 있다는 게 정말인가요?

라이프   물론입니다.

어떻게 그것이 가능하죠?

 수를 나타낼 때 자리가 하나씩 올라감에 따라 자리의 값이 두 배씩 커지게 수를 표시하면 됩니다. 이걸 2진법이라고 하죠.

 잘 이해가 안 되는데요?

 1을 2진법의 수로 쓰면 1이 됩니다. 그런데 2진법의 수라는 걸 나타내기 위해 $1_{(2)}$라고 써 보죠.

 그럼 2는 어떻게 되죠?

 2가 되면 한 자리가 올라갑니다. 10진법에서 10이 되면 한 자리 올라가는 것과 같은 이치죠. 그러므로 $10_{(2)}$이 되지요. 여기서 1은 2의 자릿수이므로 2를 나타냅니다. 즉, 2의 자릿수는 1이고 1의 자릿수는 0이므로 $10_{(2)}$는 $2+0=2$가 되는 거죠.

 그럼 3은 2+1이니까 $11_{(2)}$이 되겠군요.

라이프: 물론입니다. 이제 4는 2^2이므로 2^2의 자릿수가 1이고 2의 자릿수가 0, 1의 자릿수가 0인 수가 되어 $100_{(2)}$이 되지요. 이런 식으로 1과 0만으로도 모든 자연수를 나타낼 수 있답니다.

와핑: 정말 대단한 발견이군요. 지금까지 우리는 0과 1만으로 모든 수를 나타낼 수 있는 신기한 방법을 알아보았습니다.

잠깐!

2진법을 사용하는 이유는?

2진법에 따라 큰 수를 나타내는 데는 긴 자리수를 필요로 한다. 하지만 컴퓨터에 폭넓게 쓰이므로 매우 중요하다고 할 수 있다. 컴퓨터에서 2진법이 사용되는 이유는 논리의 조립이 간단하고, 컴퓨터에서 사용하는 소자(素子)가 2진법의 수를 나타내는 데 편리해서이다.

2진법, 저울추의 혁명을 가져오다

PD: 안녕하십니까? 최근 0과 1만으로 모든 수를 나타낼 수 있다는 2진법이 발견되자 이를 이용하여 서로 다른 무게의 저울추 네 개로 1그램부터 15그램의 무게까지 측정할 수 있다고 주장하는 사람이 있어 화제가 되고 있습니다. 그 주인공인 이진추 씨를 모셨습니다. 안녕하세요. 이진추 씨. 나와 주셔서 감사합니다.

이진추: 저같이 부족한 사람을 초대해 주셔서 감사합니다.

PD: 지금 하시는 일은 뭐죠?

이진추: 싸구려 보석을 팔고 있습니다.

🧑‍🦳 네 종류의 저울추만으로 15그램까지의 무게를 모두
PD 잴 수 있다는데 사실인가요?

🧑 물론입니다. 우리 가게에는 1그램짜리부터 15그램짜
이진추 리까지 15종류의 무게를 가진 보석들이 있습니다. 그
런데 라이프니츠 선생님의 2진법에 대한 논문을 보다
가 불현듯 보석의 무게를 잴 때 그리 많은 추가 필요

없다는 사실을 알게 되었지요.

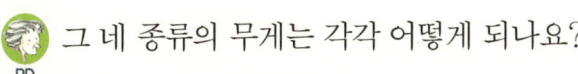 그 네 종류의 무게는 각각 어떻게 되나요?

1그램, 2그램, 4그램, 8그램입니다.

잘 이해가 안되는군요. 아무 규칙도 없어 보이는데 정말 그 네 종류의 저울추로 1그램부터 15그램까지 모든 무게를 잴 수 있을까요?

물론입니다. 수를 2진법으로 나타내면 각 자리의 수는 0 또는 1만이 가능합니다. 예를 들어 10진법의 수인 3을 2진법의 수로 나타내면 11₍₂₎가 되지요. 여기서 ₍₂₎는 2진법의 수라는 뜻이고 맨 뒤의 1은 1의 자리의 수가 1이라는 것을, 맨 앞의 1은 2의 자리의 수가 1이라는 것을 나타내지요. 11₍₂₎는 2의 자리의 수가 1이고 1의 자리의 수가 1이므로 10진법으로 나타내면 2+1=3이 됩니다. 이 논리대로라면 3그램의 무게를 잴 때는 1그램과 2그램의 추가 있으면 되지요.

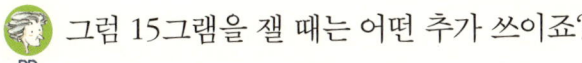 그럼 15그램을 잴 때는 어떤 추가 쓰이죠?

🐑 **이진추** 2진법의 자릿수는 한 자리 올라갈 때마다 두 배씩 커집니다. 즉, $1111_{(2)}$에서 맨 뒤의 자리의 수는 1의 자리, 뒤에서 두 번째 자리의 수는 2의 자리, 뒤에서 세 번째 자리의 수는 4의 자리, 맨 앞의 수는 8의 자리를 나타내지요. 그러므로 이 수를 10진법의 수로 고치면 $8+4+2+1=15$가 됩니다. 즉, 1, 2, 4, 8그램의 추를 이용하면 15그램의 무게를 잴 수 있어요. 그러니까 15그램까지의 무게를 재는 데는 네 종류의 추만이 필요한 거죠.

🧑 **PD** 정말 그렇군요. 2진법이 저울추의 혁명을 몰고 왔네요. 지금까지 라이프니츠의 2진법을 생활에 이용, 2진법의 저울추의 원리를 개발한 이진추 씨와 얘기를 나누어 보았습니다.

안녕하세요. 시청자 과학을 진행하는 쿨레클린입니다. 뭐든지 물어보세요. 22세기 첨단 과학이 낳은 과학 자동 답변기가 친절히 답변해 드리겠습니다.

2진법의 수를 10진법의 수로 나타내는 방법을 알려 주세요.

2진법의 수 $100_{(2)}$을 10진법으로 나타내 보죠. 10진법에서는 10이 모이면 한 자리수가 올라갑니다. 예를 들어 1이 열 개 모이면 10이 되고, 10이 열 개 모이면 100이 되지요. 마찬가지로, 2진법에서는 2가 되면 한 자리수가 올라갑니다. 그러므로 1이 두 개 모이면 $10_{(2)}$가 됩니다. 여기서 (2)는 2진법의 수라는 뜻입니다. 마찬가지로 2가 두 개 모이면 $100_{(2)}$가 되지요. 그러므로 $100_{(2)}$는 2가 두 개 모인 수이고, 따라서 10진법의 수로는 4가 됩니다.

10진법의 수를 2진법으로 나타내는 방법을 알려주세요.

10진법의 수를 2로 계속 나누었을 때, 나머지를 맨 마지막의 것부터 차례대로 쓰면 2진법의 수가 됩니다. 예를 들어 11을 2진법의 수로 나타내 보죠. 11을 2로 나누면 몫은 5이고 나머지는 1이니까 다음과 같이 씁니다.

$$2 \overline{\smash{)}11} \\ 5 \ \cdots\ 1$$

5를 2로 나눈 몫과 나머지를 같은 방법으로 씁니다.

$$2 \overline{\smash{)}11} \\ 2 \overline{\smash{)}5} \ \cdots\ 1 \\ 2 \ \cdots\ 1$$

다시 2를 2로 나눈 몫과 나머지를 같은 방법으로 씁니다.

$$2 \overline{\smash{)}11} \\ 2 \overline{\smash{)}5} \ \cdots\ 1 \\ 2 \overline{\smash{)}2} \ \cdots\ 1 \\ 1 \ \cdots\ 0$$

이제 밑에서부터 거꾸로 쓰면 그것이 곧 2진법의 수가 되지요.

$$
\begin{array}{r}
2\,)\,\underline{11} \\
2\,)\,\underline{5} \cdots 1 \\
2\,)\,\underline{2} \cdots 1 \\
1 \cdots 0
\end{array}
$$

그러니까 11을 2진법의 수로 바꾸면 $1011_{(2)}$가 된답니다.

바스카라, 0보다 작은 수 발견

– 12세기, 인도

인도의 수학자 바스카라가 0보다 작은 수를 발견했다고 해서 화제가 되고 있습니다. 0은 아무것도 없다는 뜻인데 과연 아무것도 없는 것보다 더 작은 수가 있을까요? 와핑 기자가 바스카라를 만나 보았습니다.

 0보다 작은 수를 찾으셨다는데 그게 사실입니까?

 네, 사실입니다. 나는 0보다 작은 수를 '음수'라 부르기로 했습니다.

 잘 이해가 안됩니다. 3보다 하나 작으면 2이고, 2보다 하나 작으면 1이고, 1보다 하나 작으면 0입니다. 그런데 0보다 하나 작은 수가 있다는 말인가요?

🧙 바스카라: 그게 바로 –1입니다.

🧒 와핑: 앞에 작대기가 붙어 있군요.

🧙 바스카라: 마이너스라고 읽어 주세요.

🧒 와핑: 그럼 –1은 '마이너스 일'이군요. 그런데 이게 무슨 의미가 있는 거죠?

🧙 바스카라: 예를 들어 생각해 보죠. 어떤 사람이 만두를 너무 좋아해서 만두 가게에 갔어요. 만두 한 개에 1원이라고 합시다. 그런데 이 사람이 돈이 하나도 없어요. 그럼 이 사람이 가진 돈은 0원이죠? 그런데 만두가 너무 먹고 싶으면 어떻게 하면 되죠?

🧒 와핑: 그야 빌리면 되죠.

🧙 바스카라: 맞아요. 이 사람은 만두 하나를 먹고 1원을 빚을 지면 돼요. 이 '1원의 빚'이 바로 –1의 뜻이에요. 즉, 이 사

람은 돈을 한 푼도 안 가진 사람(0원을 가진 사람)보다 1원을 더 적게 가진 사람이지요.

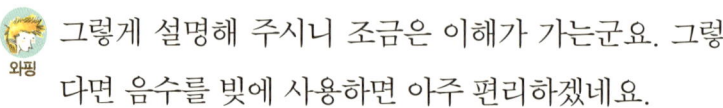

그렇게 설명해 주시니 조금은 이해가 가는군요. 그렇다면 음수를 빚에 사용하면 아주 편리하겠네요.

맞아요. 앞으로 음수를 도입하면 장부를 쓸 때 아주 편리해질 거예요.

그렇겠군요. 새로운 수를 찾아낸 것을 축하드립니다.

데카르트, 음수를 수직선에 나타내야 한다고 주장

— 17세기, 프랑스

프랑스의 수학자 데카르트가 '음수도 수직선에 나타내야 한다'고 주장했습니다. 와핑 기자가 데카르트를 만나 보았습니다.

와핑: 음수를 수직선에 나타낸다는 게 무슨 말이죠?

데카르트: 우리는 그동안 양수만을 나타내는 수직선을 사용해 왔습니다. 그러나 이제 음수가 발견되었으니 음수까지 포함한 수직선을 생각해야 한다는 거죠.

와핑: 그렇다면 그 수직선은 어떻게 그리죠?

데카르트: 그동안 사용해 왔던 1, 2, 3과 같은 수를 양수라고 부

111

릅시다. 그럼 양수와 음수를 대칭으로 만들면 됩니다. 그 대칭의 중심에는 0이 있지요. 즉, 다음과 같이 양수와 음수를 수직선에 나타낼 수 있어요.

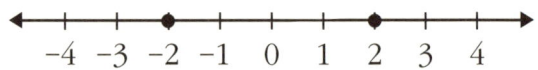

그림을 보니까 조금 이해가 가는군요. 그럼 양수는 모두 0보다 큰데 음수는 수의 크기가 어떻게 되죠?

🧑 **데카르트**: 1원을 빚진 경우와 2원을 빚진 경우 중 누가 더 빚이 많죠?

🧑 **와핑**: 당연히 2원 빚진 경우죠.

🧑 **데카르트**: 빚은 더 많이 질수록 가난한 거니까 -2가 -1보다 작다고 해야죠. 즉, 내가 만든 새로운 수직선에서 수의 크기는 다음과 같아요.

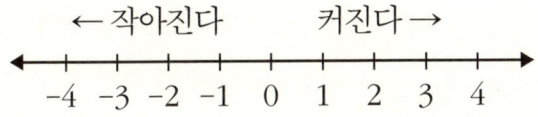

🧑 **와핑**: 아하! 음수는 마이너스에 붙어 있는 숫자가 커질수록 오히려 작아지는군요.

🧑 **데카르트**: 빚이 더 많아지니까요.

🧑 **와핑**: 이해가 갑니다. 지금까지 우리는 음수까지 그릴 수 있는 새로운 수직선에 대해 알아보았습니다.

음수의 발견자 바스카라와의 대화

PD 오늘은 음수의 발견자 바스카라를 모시고, 음수가 있을 경우 어떻게 셈이 이루어지는지에 대해 알아보겠습니다. 바스카라 선생님, 나와 주셔서 감사합니다.

바스카라 음수를 알릴 좋은 기회를 주셔서 저 역시 감사합니다.

PD 지금 시청자들이 가장 궁금해하는 것은 '음수와 음수의 덧셈이 가능한가'인데요. 과연 음수도 양수처럼 덧셈이 가능합니까?

바스카라 물론입니다. 2+3은 얼마죠?

PD 5죠.

이것을 식으로 쓰면 다음과 같아요.

$$2+3=5$$

이때 2와 3을 음수인 -2, -3과 구별하기 위해 각각 +2, +3으로도 써요. 그럼 위 덧셈은 다음과 같이 되지요.

$$(+2)+(+3)=+5$$

이때 우변의 부호는 더하는 두 수의 공통 부호인 (+)를 붙인 결과가 되었죠? 이게 바로 양수와 양수의 덧셈이에요. 음수와 음수의 경우도 똑같이 할 수 있지요. 예를 들어 다음 셈을 보죠.

$$(-2)+(-3)$$

이때도 같은 규칙을 적용한답니다. 이 덧셈에 따른 결과의 부호는 두 음의 정수의 공통부호인 (-)가 되고, 수는 더하는 수의 합에서 부호를 뗀 합인 5가 되지요. 결과적으로 이 식은 다음과 같아집니다.

$$(-2)+(-3)=-5$$

음수에 음수를 더해서 음수가 된다는 게 무슨 의미가 있는 거죠?

이렇게 설명을 해 보지요. 페티가 친구 로디에게 2달러를 빌렸어요. 이때 페티가 가진 2달러는 빚이에요. 그러므로 페티가 진 빚은 (-2)라고 써야 하지요. 그런데 페티는 또 다른 친구 애니에게 3달러를 빌렸어요. 이때 페티가 가진 3달러 역시 빚이에요. 그러므로 이것을 정수로 나타내면 (-3)이 되지요. 그러면 페티는 전부 다 합쳐서 5달러를 빌린 셈이고, 따라서 페티가 진 모든 빚은 (-5)라고 나타낼 수 있어요.

(로디에게 진 빚) + (애니에게 진 빚) = (페티가 진 모든 빚)
　　(-2)　　+　　(-3)　　=　　　(-5)

아하! 빚에 빚을 더하면 빚이 더 많아진다는 게 바로 음수와 음수의 덧셈을 의미하는 것이군요.

그렇죠.

PD 지금까지 우리는 음수의 발견자인 바스카라로부터 음수와 음수의 덧셈에 대한 설명을 들었습니다. 이제 시청자 여러분들께서는 마음 놓고 음수를 사용할 수 있습니다. 음수를 사용하시다가 궁금하신 점이 있으시면 '시청자 과학'에 문의하세요.

잠깐!

음수란?

음수의 존재를 최초로 인식한 나라는 인도로 양수와 음수의 관계를 재산과 빚, 또는 전진과 후퇴라는 상반하는 성질의 것으로 나타냈다. 음수를 도입함으로써 양수의 범위에서는 자유롭게 계산할 수 없었던 뺄셈, 즉 3-5의 계산이 가능하게 되었다. 또, a가 음수라는 사실을 $a<0$와 같이 나타내기도 한다.

바스카라, 음수의 곱셈 규칙을 발견

— 12세기, 인도

  세계 최초로 음수를 발견한 인도의 수학자 바스카라가 음수의 덧셈에 이어 최근에는 '음수와 음수의 곱셈은 양수가 된다'는 새로운 이론을 발표해 화제가 되고 있습니다. 지금 와핑 기자가 바스카라를 만나고 있습니다. 와핑 기자 나와 주세요.

와핑   저는 지금 음수의 발견자인 바스카라 씨를 만나고 있습니다. 선생님, 음수를 곱한다는 건 어떤 것이죠?

바스카라   패티가 매일 수학시험을 치는데 매일 2점씩 점수가 올라간다고 가정해 보죠. 그럼 3일 후 패티의 점수는 얼마나 변하죠?

당연히 6점 올라가죠?

6은 2×3이지요? 이걸 잘 기억해 두세요. 이때, 2점씩 점수가 올라가는 것을 +2로 쓰고 3일 후를 +3이라고 쓰면 두 정수를 곱한 값은 곧 패티의 변한 점수에 해당합니다. 그러니까 다음과 같이 쓸 수 있어요.

$$(+3) \times (+2) = +(3 \times 2)$$

그렇다면 3일 전 패티의 점수는 지금에 비해 어땠을까요?

그야 지금보다 6점 아래였겠지요.

맞아요. 2점 올라가는 것을 +2로 쓰면 3일 전은 3일 후의 반대이니까 -3이라고 써야죠? 그렇다면 두 정수를 곱해 보세요.

$$(-3) \times (+2) = -(3 \times 2)$$

음수가 되었군요. 이 식은 3일 전 패티의 점수가 지금

점수보다 6점 낮다는 것을 의미하죠.

이번에는 다른 경우를 생각해 봅시다. 영희의 점수가 매일 2점씩 떨어지고 있다고 가정해 보죠. 이때 3일 후 영희의 점수는 어떻게 되죠?

6점 내려가겠죠.

맞아요. 2점씩 떨어지는 것을 -2라고 나타내고 3일 후를 +3이라고 하면

$$(+3) \times (-2) = -(3 \times 2)$$

이 되어 3일 후 스칼렛의 점수는 6점이 떨어진 점수가 되지요.

마지막으로 음수와 음수의 곱은 어떤 의미를 가질까요? 3일 전 스칼렛의 점수를 생각해 봅시다. 스칼렛의 점수가 매일 2점씩 떨어지는 것을 -2로, 3일 전을 -3으로 나타내어 두 정수를 곱하면 다음과 같습니다.

$$(-3) \times (-2) = +(3 \times 2)$$

이것은 다시 말해서 스칼렛은 3일 전에 지금보다 6점이 더 높았다는 것을 의미합니다.

정말 놀랍군요. 음수와 음수의 곱이 양수가 된다니 말이죠. 지금까지 음수의 곱셈에 대한 규칙을 발표한 바스카라와의 인터뷰였습니다.

광고

영재들을 위한 수학책

『릴라바티』

바스카라 지음 (인도의 어느 출판사)

음수를 발견한 인도의 대수학자 바스카라!
영재들을 위해 그가 쓴 수학책이 나왔습니다.

릴라바티는 '아름다움'을 뜻하는 단어입니다.
즉, 이 책은 여러분께
수학의 아름다움을 선사해 드릴 책이지요.
『릴라바티』는 지금 전 세계의 언어로 번역되어
동시 판매되고 있습니다.
정수의 아름다움에 푹 빠져들고 싶은 분들은
당장 이 책을 읽어 보세요.

안녕하세요. 시청자 과학을 진행하는 쿨레클린입니다. 뭐든지 물어보세요. 22세기 첨단 과학이 낳은 과학 자동 답변기가 친절히 답변해 드리겠습니다.

양수와 음수에 대해 자세히 알려 주세요.

양수에 대해 알아보죠. 0보다 큰 수는 양수라 하고 양의 부호 (+)를 붙여 나타내요. 예를 들면 다음과 같은 수들이 양수죠.

$$+2,\ +1,\ 3,\ 1.5,\ +0.3$$

앗! 1.5는 앞에 +가 안 붙어 있는데 왜 양수일까요? 그건 바로 양수에서는 +를 빼도 달라지는 것이 없기 때문이에요. 즉, +3=3, +8=8인 셈이죠.

그렇다면 음수는 뭘까요? 0보다 작은 수를 음수라 하고 음의 부호 (−)를 붙여 나타내죠. 음수의 예로는 다음과 같은 것들이 있어요.

−1, −2.3, −$\frac{1}{2}$

그렇다면 음수에서도 부호(−)를 뺄 수 있을까요? 안 된답니다. 음수에서는 부호를 생략하면 큰일나지요.

그렇다면 양수도 음수도 아닌 수가 있을까요? 물론 있어요. 그 수는 바로 양수와 음수의 경계에 있는 수인 0이죠. 다른 수와 달리 0은 (+)를 붙이든 (−)를 붙이든 그 값이 같아요. 즉, +0=−0=0이지요. 하지만 다른 수는 그렇지 않지요. 예를 들어 1에 +를 붙인 +1과 −를 붙인 −1은 서로 다르니까요.

이번에는 양수와 음수의 의미를 알아볼까요? 용돈출납장을 쓸 때를 생각해 보죠. 페티는 아빠로부터 용돈 10000원을 받았는데 그날 3000원짜리 책을 샀다고 가정해 봅시다. 그러면 페티는 용돈 10000원은 이익이니까 +10000이라고 쓰고 3000원은 지출이니까 −3000이라고 용돈출납장에 써야 해요. 즉, 번 돈은 양수로, 쓴 돈은 음수로 나타내면 되는 거지요.

또 다른 예로는 무엇이 있을까요? 온도계를 보세요. 온

도계에는 0도를 나타내는 지점이 있어요. 0도는 물론 물이 어는 온도지요. 0도보다 온도가 높을 때는 영상이라고 하고 낮을 때는 영하라고 하지요? 그러니까 영상 25도는 +25로 나타내고 영하 5도는 -5로 나타낸답니다.

양수와 음수의 덧셈에 대해 알려 주세요!

예를 들어 다음 셈을 보죠.

$$(+3)+(-2)$$

앞서 용돈출납장을 예로 들어 설명했을 때 양수는 번 돈을, 음수는 쓴 돈을 의미한다고 했지요? 그럼 다시 우리의 주인공 페티를 만나 보죠. 페티는 용돈으로 3달러를 받았어요. 그럼 페티가 가진 돈은 +3이죠? 그런데 페티는 동네 문구점에서 2달러를 주고 예쁜 공책을 한 권 샀어요. 그럼 페티에게는 얼마가 남죠? 당연히 1달러가 남죠? 이 1은 어디서 나온 건가요? 3-2=1에서 나온 거지요? 요걸 꼭 명심해 두세요. 그렇다면 자, 페티가 공책 값으로 지불한 돈은 쓴 돈이지요? 그러니까 이것은 (-2)로 나타낼 수 있어요. 그러니까 페티의 돈을 모두 합치면 다음과 같이 돼요.

| (용돈으로 받은 돈) | + | (문방구 주인에게 지불한 돈) | = | (페티가 현재 가지고 있는 돈) |
| (+3) | + | (-2) | = | (+1) |

여기서 1은 3과 2, 즉 더하는 두 수에서 부호를 뗀 것의 차이예요. 부호 +는 +3의 부호와 같지요? 다시 말해 양수와 음수를 더할 때, 그 결과의 부호는 더하는 두 수 중 부호를 뗀 수가 큰 쪽의 부호를 따라가고, 수는 부호를 뗀 두 수의 차가 되지요.

이집트 사람들, 분수 발명

– 기원전, 이집트

고대 이집트 사람들이 1을 쪼갠 수를 발명했다고 합니다. 과연 그들은 어떻게 1을 쪼개어 사용하는지 와핑 기자가 만나 보았습니다.

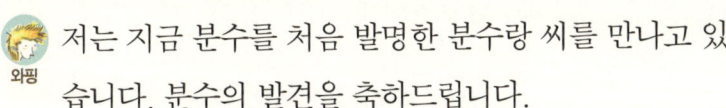

저는 지금 분수를 처음 발명한 분수랑 씨를 만나고 있습니다. 분수의 발견을 축하드립니다.

내가 발견한 건 아니에요. 사실 누가 발견했는지는 몰라요. 다만 우리 이집트 사람들은 수학을 너무 좋아해서 분수에 대해서는 귀신이지요.

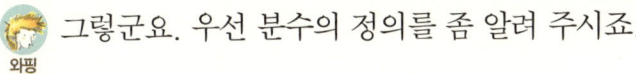

그렇군요. 우선 분수의 정의를 좀 알려 주시죠.

예를 들어 여기에 피자 한 판이 있는데, 이걸 두 사람이 나눠 먹으면 한 사람은 얼마나 먹게 되나요?

 반 판을 먹지요.

 그 반이라는 게 바로 분수예요. 우리는 1을 둘로 나눈 한 쪽을 $\frac{1}{2}$ 이라고 쓰지요. 이때 막대 위에 있는 수는 분자이고 막대 아래 있는 수는 분모예요. 이 분수는 1÷2 와 같아요.

 그 이유는 뭐죠?

 사과 네 개를 두 사람에게 나누어 주면 한 사람이 가지는 양은 4÷2가 되잖아요? 마찬가지예요. 한 개를 두 사람에게 나누어 주면 한 사람이 가지는 양은 1÷2가 되는 거죠.

 그러니까 분수라는 게 나눗셈에서 나왔군요.

 그런 셈이지요.

🧒 그런데 $\frac{1}{2}$을 좀 이상한 기호로 썼다고 하던데 어떤 기호인가요?
와핑

👳 우린 그림을 좋아해요. 그래서 $\frac{1}{2}$은 다음과 같이 그렸지요.
분수랑

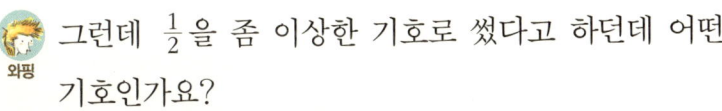

🧒 다른 분수들도 그림으로 나타냈나요?
와핑

👳 물론이죠. $\frac{1}{3}$은 다음과 같이 나타내죠.
분수랑

그리고 $\frac{1}{10}$은 다음과 같이 나타내요.

🧒 가만, 분자가 1인 분수를 주로 사용했군요.
와핑

👳 네. 그런 분수를 단위분수라고 하는데 우린 이런 단위
분수랑

분수를 좋아해요.

그럼 단위분수가 아닌 수는 어떻게 나타냈죠?

$\frac{2}{3}$는 자주 사용되기 때문에 기호를 만들었죠. 그것은 다음과 같아요.

아하! 그래서 $\frac{1}{2}$을 다른 기호로 썼군요.

맞아요.

지금까지 우리는 이집트 사람들이 발명한 분수에 대해 자세히 알아보았습니다. 단 한가지 유감스러운 점은 누가 발명했는지 명확하지가 않다는 것입니다.

뉴~스

이집트 사람들, 단위분수로
임의의 분수를 나타내는 법 알아내

― 기원전, 이집트

고대 이집트 사람들이 임의의 분수를 단위분수들의 합으로 나타내는 방법을 알아냈다고 해서 와핑 기자가 만나 보았습니다.

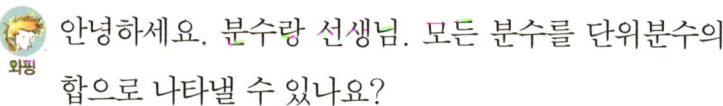

안녕하세요. 분수랑 선생님. 모든 분수를 단위분수의 합으로 나타낼 수 있나요?

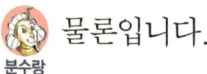

물론입니다.

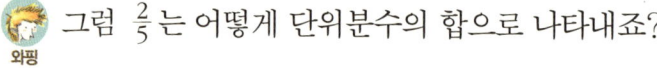

그럼 $\frac{2}{5}$는 어떻게 단위분수의 합으로 나타내죠?

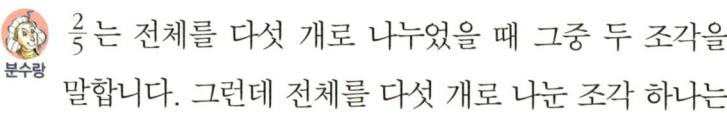

$\frac{2}{5}$는 전체를 다섯 개로 나누었을 때 그중 두 조각을 말합니다. 그런데 전체를 다섯 개로 나눈 조각 하나는

$\frac{1}{5}$이고 이 조각 두 개를 합치면 두 조각이 되므로 $\frac{2}{5}$는 다음과 같이 단위분수의 합으로 나타낼 수 있습니다.

$$\frac{2}{5} = \frac{1}{5} + \frac{1}{5}$$

와핑: 그렇군요. 좀 더 복잡한 꼴의 분수는 어떻게 하죠? 예를 들면 $\frac{5}{6}$를 단위분수의 합으로 고치면 말입니다.

분수랑: $\frac{5}{6}$는 전체를 여섯 개로 나누었을 때 그중 다섯 조각을 말합니다. 다섯 조각은 세 조각과 두 조각을 합친 것이죠? 그러므로 다음과 같이 쓸 수 있어요.

$$\frac{5}{6} = \frac{3}{6} + \frac{2}{6}$$

와핑: 어랏! $\frac{3}{6}$, $\frac{2}{6}$은 단위분수가 아니잖아요?

분수랑: 물론이죠. $\frac{3}{6}$을 그림으로 그리면 다음과 같아요.

그럼 세 조각을 모두 붙여 봐요. 그럼 다음과 같이 되지요.

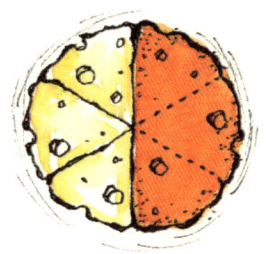

🧒 피자 한 판을 둘로 나누었을 때의 한 조각이 되는군요.
와핑

👧 맞아요. 그러므로 $\frac{3}{6}$은 $\frac{1}{2}$과 같아요.
분수랑

🧒 그럼 $\frac{2}{6}$는 어떻게 되죠?
와핑

👧 이것을 그림으로 그리면 다음과 같아요.
분수랑

그리고 두 조각씩 붙이면 다음과 같지요.

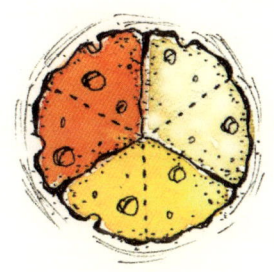

🧑 이건 한 판을 셋으로 나누었을 때의 한 조각이 되는
와핑   군요.

🧑 맞아요. 그러니까 $\frac{2}{6}$는 $\frac{1}{3}$과 같지요. 즉, $\frac{5}{6}$를 단위
분수랑 분수로만 나타내면 다음과 같아요.

$$\frac{5}{6} = \frac{1}{2} + \frac{1}{3}$$

🧑 정말 놀랍군요. 단위분수들만으로 모든 분수를 나타
와핑 낼 수 있다니 말이에요. 지금까지 단위분수의 대가인
분수랑 씨와 만나 보았습니다.

스테빈, 소수를 발명하다
― 1584년, 네덜란드

안녕하십니까, 시청자 여러분? 오늘은 아주 신기한 수 표현이 발명된 역사적인 날입니다. 네덜란드의 수학자 스테빈이 1보다 작은 수를 나타낼 수 있는 새로운 방법인 소수를 발명했기 때문입니다. 이제 사람들이 이자를 계산할 때 복잡한 분수를 사용하지 않아도 되는 세상이 된 거지요. 스테빈을 만나러 간 와핑 기자, 나와 주세요.

 안녕하십니까? 소수를 발명하셨다는데 그게 뭐죠?
와핑

 수라기보다는 1보다 작은 수를 나타내는 새로운 표현
스테빈 을 발명한 거지요.

와핑 어떤 표현인가요?

스테빈 지금까지는 1보다 작은 수를 나타내려 할 경우에 분수를 사용해 왔습니다. 하지만 $\frac{13}{100}$을 1①3②이라고 쓰면 아주 보기가 좋지요. 이것을 소수라고 부르겠습니다. 그러니까 $\frac{678}{1000}$은 6①7②8③이 되지요.

와핑 왜 이런 걸 발명하시게 된 건가요?

스테빈 그동안 이자는 모두 분수로 나타냈어요. 그런데 이자가 $\frac{1}{10}$처럼 분모가 10일 때는 계산이 간단하지만 $\frac{1}{11}$과 같은 경우에는 아주 복잡했지요. 그래서 우선 모든 분수의 분모를 10, 100, 1000과 같은 꼴로 바꾸면 편할 거라고 생각했어요. 예를 들어 $\frac{1}{11}$은 $\frac{9}{100}$와 거의 비슷하지요. 1보다 작은 $\frac{9}{100}$를 소수로 나타내면 0①9②가 되지요.

와핑 ①과 ②는 뭘 나타내는 거죠?

스테빈 ②까지 숫자가 있으면 분모가 100임을 의미합니다. 이때 분수는 1보다 작으니까 분자는 한 자리 혹은 두

자리 수가 될 텐데 ①은 가장 큰 자릿수인 10의 자릿수를, ②는 그 다음 자릿수인 1의 자릿수를 나타내는 것이지요. 다시 말해 0①0②9③는 ③까지 있으니까 분모는 1000이고 분자는 100의 자리가 0, 10의 자리가 0, 1의 자리가 9이니까 분수로 나타내면 $\frac{9}{1000}$이 되는 거죠.

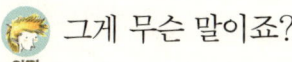 정말 멋진 기호군요. 그런데 어떤 점이 분수에 비해 편리한가요?

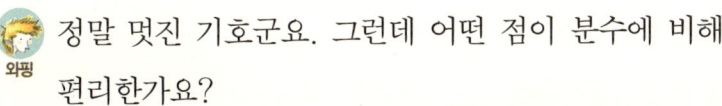 1보다 큰 수 중에서 어떤 수가 더 큰지를 더 빨리 비교할 수 있어요.

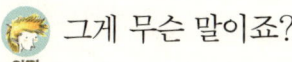 그게 무슨 말이죠?

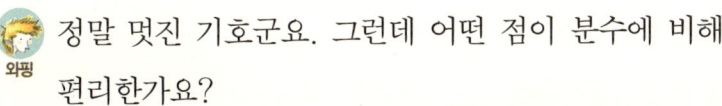 3①2② 와 7①1②을 보죠. 두 수 중 어느 수가 더 큰가는 ① 앞에 써 있는 수를 비교하면 되지요. 7이 3보다 크므로 7①1②이 더 큰 수가 되는 거예요.

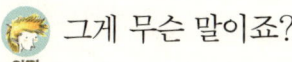 ① 앞에 써 있는 수가 같을 때는 어떻게 하나요?

스테빈: 그땐 ② 앞에 써 있는 수를 비교하고, 만약 그것도 같으면 ③ 앞에 써 있는 수를 비교해 보면 되지요. 예를 들어 3①4②7③과 3①4②8③은 ① 앞에 써 있는 수가 3으로 같고 ② 앞에 써 있는 수가 8로 같지만, ③ 앞에 써 있는 수가 3①4②8③이므로 이 수가 더 큰 수가 되는 것이지요.

와핑: 정말 편리하겠네요. 앞으로 종종 소수를 사용해야 할 것 같습니다.

안녕하세요. 시청자 과학을 진행하는 쿨레클린입니다. 뭐든지 물어보세요. 22세기 첨단 과학이 낳은 과학 자동 답변기가 친절히 답변해 드리겠습니다.

소수점을 사용한 수학자는 누구인가요?

소수를 발명한 것은 스테빈이지만 그의 소수 표기법이 불편하여 수학자 네이피어가 1617년에 3.25와 같이 소수점을 도입했습니다.

정수와 유리수가 뭐죠?

정수는 양의 정수와 0과 음의 정수로 이루어져 있어요. 양의 정수는 우리가 알고 있는 자연수예요. 양수는 (+) 부호를 떼어도 달라지지 않는다고 했지요? 그러니까 양의 정수를 쓰면 +1, +2, +3,…… 등이 되는데 이것은 곧 1, 2, 3,……과 같으니까 양의 정수는 자연수와 같지요.

그럼 음의 정수는 어떨까요? 음의 정수는 -1, -2, -3,······ 등과 같이 자연수에 (-) 부호를 붙인 수들이에요. 명심하셔야 할 것은 음수에서는 (-) 부호를 마음대로 뺄 수 없다는 점이에요.

정수는 양의 정수, 0, 음의 정수로 되어 있으니까 다음과 같은 것들은 모두 정수라고 할 수 있지요.

······, -3, -2, -1, 0, +1, +2, +3, ······

즉, 정수의 집합은 무한히 많은 정수로 이루어진 무한집합이랍니다.

자, 그럼 이번에는 유리수에 대해 알아볼까요?

1.7을 분수로 바꾸면 $\frac{17}{10}$이죠? 이렇게 분자와 분모가 정수인 분수로 나타낼 수 있는 수를 유리수라고 하죠.

그럼 정수는 모두 유리수일까요? 물론이에요. 정수 -2는 $-2=\frac{-2}{1}$로 나타낼 수 있죠? 이 때 분모와 분자가 모두 정수니까 -2는 유리수에요.

그럼 정수 0도 유리수일까요? $0=\frac{0}{1}$ 이니까 분모, 분자가 정수인 분수로 나타낼 수 있죠? 그러니까 0도 유리수지요.

따라서 모든 정수는 유리수이니까 정수의 집합은 유리수의 집합의 부분집합이라 할 수 있어요.

이것을 다음과 같이 정리할 수 있어요.

$$\text{유리수} \begin{cases} \text{정수} \begin{cases} \text{양의 정수(자연수)}: 1, 2, 3, \cdots\cdots \\ 0 \\ \text{음의 정수}: -1, -2, -3, \cdots\cdots \end{cases} \\ \text{정수 아닌 유리수}: -\frac{1}{2}, \frac{1}{4}, 0.75, \cdots\cdots \end{cases}$$

chapter. 6

분수와 사이가 안 좋은 수는?

중 3-1 제곱근과 무리수

히파소스, 제곱하면 2가 되는 수를 발견

– 기원전, 그리스

오늘은 우울한 소식을 전해 드려야 할 것 같습니다. 피타고라스의 수제자인 히파수스가 무리수를 발견한 것을 폭로한 죄로 피타고라스 학파에 의해 암살되었다고 합니다. 자세한 소식을 와핑 기자와 함께 알아보겠습니다.

 도대체 어떤 사건이죠?

 피타고라스 학파는 분수로 나타낼 수 있는 수, 즉 유리수만을 수로 인정합니다. 그런데 이 학파 사람들은 분수로 나타낼 수 없는 수가 존재한다는 것을 알고 있었습니다. 그 수를 무리수라고 하는데 피타고라스는 제자들에게 무리수의 존재를 철저하게 비밀로 유지하라고 명령했지요.

 그걸 히파수스가 밝힌 건가요?

 그렇습니다. 히파수스는 '분명히 존재하는 수를 존재하지 않는다고 하는 것은 수학자로서의 양심이 허락하지 않는다'며 무리수의 존재를 사람들에게 알리겠다고 선언했지요.

 그래서 죽인 건가요?

 그렇게 볼 수 있습니다. 이 논쟁은 피타고라스 학파가 배를 타고 가던 중에 이루어졌는데 히파수스의 주장에 성이 난 피타고라스 학파 사람들이 히파수스를 물에 빠뜨려 죽인 거지요.

 정말 끔찍한 일이군요. 그런데 히파수스는 어떤 근거로 분수로 나타낼 수 없는 수를 알아낸 거죠?

 간단합니다. 한 변의 길이가 1인 정사각형의 대각선의 길이는 $\sqrt{2}$라는 수가 되는데 이 수는 분수로 나타

낼 수 없다는 것을 근거로 한 것이죠.

 √2는 어떤 수인가요?

 제곱을 하면 2가 되는 수입니다. 이 수는 소수로 고치면 1.414……가 되는 수로 분수로는 절대 나타낼 수 없지요.

 어떻게 대각선의 길이가 √2가 되는 건가요?

 다음 그림을 보세요.

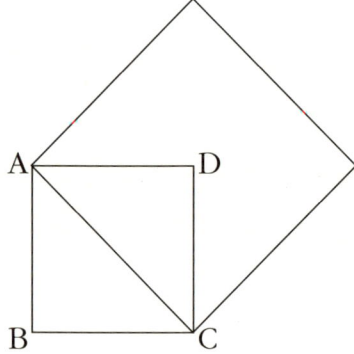

사각형 ABCD가 한 변의 길이가 1인 정사각형이라고 할 때, 이 사각형의 대각선은 AC가 됩니다. 그럼 AC를

한 변으로 갖는 정사각형을 위와 같이 그릴 수 있지요? 바로 이 사각형은 삼각형 ADC의 넓이의 네 배입니다. 그런데 삼각형 ADC의 넓이는 $\frac{1}{2}$이므로 대각선 AC를 한 변의 길이로 하는 정사각형의 넓이는 삼각형 ADC 넓이의 네 배인 2가 되지요. 이것은 바로 AC의 길이의 제곱과 같으니까 AC의 길이는 제곱을 하면 2가 되는 수, 즉 $\sqrt{2}$가 되는 것이랍니다.

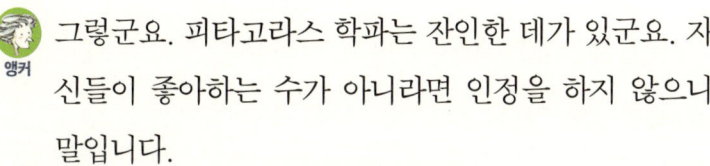 그렇군요. 피타고라스 학파는 잔인한 데가 있군요. 자신들이 좋아하는 수가 아니라면 인정을 하지 않으니 말입니다.

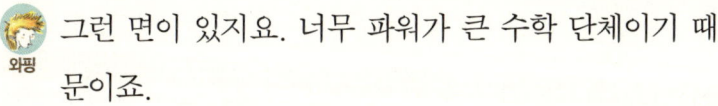 그런 면이 있지요. 너무 파워가 큰 수학 단체이기 때문이죠.

아무튼 우리는 오늘 수학의 진실을 밝히려다가 참변을 당한 한 수학자의 사건을 바라보며 많은 것을 생각하게 되었습니다. 이상 'SBC 뉴스'였습니다.

데데킨트, 무리수의 존재를 증명

- 1872년, 독일

오늘은 수의 역사에서 혁명이 일어난 날입니다. 혁명을 일으킨 주인공은 독일이 낳은 천재적인 수학자 데데킨트입니다. 그동안 많은 수학자들은 유리수만으로 수직선을 완전히 채울 수 있다고 생각했습니다. 하지만 그런 일은 불가능하며 수직선에는 $\sqrt{2}$와 같은 무리수의 자리가 반드시 필요하다는 것을 독일 수학자 데데킨트가 알아냈습니다. 자세한 소식을 와핑 기자가 전해 드립니다.

 와핑: 수직선에 $\sqrt{2}$가 꼭 있어야 하나요?

 데데킨트: 물론입니다.

🧑‍🦱 조금 이상하군요. 0과 1을 둘로 나눈 점은 $\frac{1}{2}$이고, 셋
와핑 으로 나눈 점 중에서 0에 가까운 수는 $\frac{1}{3}$, 넷으로 나
눈 수 중 0에 가까운 수는 $\frac{1}{4}$, 이런 식으로 하면 점점
분모를 크게 하여 수직선의 모든 점을 다 채울 수 있
지 않나요?

🧑 아닙니다. $\sqrt{2}$를 나타내는 점이 반드시 존재해야 합
데데킨트 니다.

🧑‍🦱 왜죠?
와핑

🧑 다음 그림을 보세요.
데데킨트

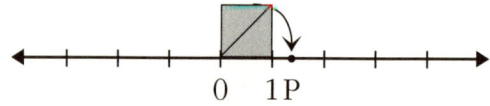

어두운 정사각형은 바로 한 변의 길이가 1인 정사각
형입니다. 이 한 변이 수직선의 0과 1 사이에 놓여 있
지요. 이 사각형의 대각선의 길이는 히파수스가 죽어
가면서 외친 $\sqrt{2}$입니다. 이 사각형을 위 그림과 같이

오른쪽으로 회전시켜 보세요. 그럼 한 꼭지점이 P점에 오게 됩니다. 그럼 원점과 P점 사이의 거리는 √2이잖아요? 그러니까 √2를 나타내는 점 P는 반드시 수직선에 존재해야 합니다.

와핑

네, 잘 알겠습니다. 지금까지 무리수의 존재를 증명한 데데킨트와의 인터뷰였습니다.

잠깐!

무리수는?

실수이면서 정수나 분수의 형식으로 나타낼 수 없는 수를 말한다. 일반적으로 부진근수(유리수가 아닌 근수) $n\sqrt{a}$라든지, 원주율 π와 같이 유리수가 아닌 수를 무리수라고 한다.

이집트 사람들, 원주율 π 발견

― 기원전, 이집트

 이집트의 수학자들이 원주율에 대한 연구를 발표했다고 합니다. 자세한 소식을 와핑 기자가 전해 드립니다.

 안녕하십니까? 먼저 소개를 부탁드립니다.

 저는 이집트 수학 아카데미의 써크루입니다.

 원주율이 뭐죠?

 동그란 원판의 테두리에 붉은 물감을 묻혀 종이 위에서 한 바퀴 굴리면 종이에는 직선이 그려지죠? 그 직선의 길이는 곧 원판의 둘레의 길이입니다. 원주율이란 바로 지름이 1인 원의 둘레의 길이를 말합니다. 이

원주율은 π라고 쓰고 '파이'라고 읽지요.

그렇군요. 그럼 원주율을 어떻게 구하죠?

간단합니다. 원판의 지름을 측정하고 둘레에 물감을 묻혀 한 바퀴 돌렸을 때 그려진 직선의 길이를 재면 됩니다. 이때 직선의 길이는 원 둘레의 길이이므로 그것을 바퀴의 지름으로 나누면 원주율 π를 측정할 수 있지요.

간단한 방법이군요. 지금까지 원주율에 대한 연구를 발표한 이집트 수학자 써크루를 만나 보았습니다.

아르키메데스,
원주율의 공식을 찾다

 원주율을 구할 수 있는 일반적인 방법을 그리스의 아르키메데스가 찾았다고 하여 화제입니다. 오늘 이 시간에는 그 화제의 주인공을 모시고 얘기를 나눠 보겠습니다. 안녕하세요. 아르키메데스 선생님.

 안녕하세요. 불러 주셔서 고맙습니다.

 원주율을 찾는 공식이 뭐죠?

 우선 반지름이 1인 원을 그리고 그 원에 내접하는 정사각형과 외접하는 정사각형을 그려 보죠.

그림에서 원에 외접하는 정사각형의 한 변의 길이는 원의 지름과 같은 2입니다. 그러므로 외접하는 정사각형의 넓이는 4가 되지요.

이번에는 내접하는 정사각형의 넓이를 구해 봅시다. 이 정사각형은 대각선의 길이가 원의 지름과 같은 2입니다. 그러므로 한 변의 길이는 $\sqrt{2}$가 되지요. 따라서 내접하는 정사각형의 넓이는 $(\sqrt{2})^2=2$가 됩니다.

한편 원의 넓이는 반지름의 제곱과 원의 곱이고 원의

반지름이 1이므로 이 원의 넓이는 π가 됩니다. 그럼 원의 넓이는 내접하는 정사각형의 넓이보다 크고 외접하는 정사각형의 넓이보다는 작으므로 다음 등식이 성립합니다.

$$2 < \pi < 4$$

PD: 원주율의 범위가 결정되었군요. 하지만 너무 범위가 큰 거 아닌가요?

아르키: 그렇습니다. 하지만 이 방법을 정육각형, 정팔각형 등으로 확장하면 원주율의 범위는 점점 좁아집니다. 나는 정96각형까지 계산하여 원주율의 범위가 다음과 같다는 것을 알아냈습니다.

$$3\frac{1}{3} < \pi < 3\frac{1}{7}$$

PD: 소수로 나타내면 어떻게 되죠?

아르키: 이것을 소수로 나타내면 다음과 같습니다.

$$3.140845\cdots < \pi < 3.142857\cdots$$

PD 대충 3.14 정도라고 생각하면 되겠군요.

아르키 그렇습니다.

PD 정말 고생이 많으셨습니다. 지금까지 우리는 원주율의 값을 좀 더 정확히 찾기 위해 노력하는 수학자 아르키메데스를 만나 보았습니다.

시청자 과학

안녕하세요. 시청자 과학을 진행하는 쿨레클린입니다. 뭐든지 물어보세요. 22세기 첨단 과학이 낳은 과학 자동 답변기가 친절히 답변해 드리겠습니다.

$\sqrt{2}$는 왜 1.414……가 되나요?

우선 제곱을 하여 2가 되는 수를 차근차근 찾아보지요. 다음과 같은 세 수의 제곱을 볼까요?

$$1.3^2 = 1.69$$

$$1.4^2 = 1.96$$

$$1.5^2 = 2.25$$

1.5는 제곱이 2을 넘으니까 후보에서 탈락입니다. 그럼 남은 두 후보 중 어떤 수의 제곱이 가장 2의 제곱에 가깝나요? 1.4의 제곱이지요? 반면에 1.4의 제곱은 아직 2보다 0.04만큼 부족합니다. 그러므로 제곱을 하여 2가 되려면 1.4보다 조금 큰 수가 되어야 합니다.

이제 소수 둘째 자리를 결정해 보죠.

$$1.41^2 = 1.9881$$

$$1.42^2 = 2.0164$$

1.42의 제곱은 2보다 크므로 적당하지 않습니다. 그러므로 2를 넘지 않으면서 그 제곱이 2에 가장 가까운 것은 1.41의 제곱입니다.

이제 소수 셋째 자리를 결정해 보죠.

$$1.413^2 = 1.996569$$

$$1.414^2 = 1.999396$$

$$1.415^2 = 2.002225$$

그러므로 $\sqrt{2}$를 소수 셋째 자리까지 나타내면 1.414가 됩니다.

이런 식으로 계속하여 제곱이 2에 가까워지는 수를 찾으면 다음과 같습니다.

$$\sqrt{2} = 1.41421356237309501 \cdots\cdots$$

무리수를 분수로 나타낼 수 있나요?

분수로는 나타낼 수 없지만 연분수의 꼴로는 나타낼 수 있습니다. 연분수는 분자가 1이 되는 분수가 되도록 분모를 바꾸어 나가는 형식을 말합니다. 그러므로 연분수는 분수의 모습을 취하긴 하지만 만일 이 과정이 무한히 계속되어야 한다면 그 수는 분수로 나타낼 수 없지요. 예를 들어 $\sqrt{2}$를 연분수로 나타내 보죠.

$$\sqrt{2} = 1.41421356237309501\cdots\cdots$$

이 수는 1보다 크므로 1과 어떤 분수의 합입니다.

다음 연분수의 꼴을 생각해 보죠.

$$1 + \frac{1}{2}$$

이 값은 1.5가 되므로 $\sqrt{2}$보다 큽니다. 그러므로 $\sqrt{2}$를 분수로 나타내기 위해서는 $\frac{1}{2}$보다 작은 분수를 1에 더해야 합니다. 따라서 $\frac{1}{2}$에서 2보다 큰 분모를 택해야 하지요. 그럼 다음과 같이 바꾸어 봅시다.

$$1 + \frac{1}{2 + \frac{1}{2}}$$

이것을 계산하면 1.4가 됩니다. 이번에는 $\sqrt{2}$보다 작아졌군요. 그러므로 $2+\frac{1}{2}$ 보다 작은 값을 분모로 택해야 하고, 그러기 위해서는 $\frac{1}{2}$이 보다 작은 분수가 되어야 하므로 분모는 2보다 큰 수가 되어야 합니다. 그럼 다음과 같이 바꾸어 봅시다.

$$1+\cfrac{1}{2+\cfrac{1}{2+\frac{1}{2}}}$$

이것을 소수로 고치면 다음과 같습니다.

$$1.4166666\cdots\cdots$$

이제 $\sqrt{2}$의 값과 비슷해졌군요. 수학자들은 이 과정을 반복하여 $\sqrt{2}$를 연분수로 나타낼 수 있게 되었어요. 그 결과는 다음과 같습니다.

$$1+\cfrac{1}{2+\cfrac{1}{2+\cfrac{1}{2+\cfrac{1}{2+\cdots}}}}$$

⟨SBC 과학드라마⟩
수잔 아줌마 깜짝 납치사건

Let's go
과학해결사

등장인물 소개

매트 시트콤의 주인공이다. 허튼 발명만 하는 아버지를 항상 존경하며 과학자를 존경해 미래의 과학자를 꿈꾸는 소년. 과학해결사의 실질적인 대장으로 진취적이면서 모험심이 강하다.

신디 매트와 이란성 쌍둥이다. 공주병 기질이 있고 자신이 천재라고 믿는다. 하지만 실험에는 약하고 너무 이론적으로만 생각한다. 독서광이라 안 읽은 책이 없다.

아인 매트와 신디의 아빠. 40대의 홀아비로 엉뚱한 발명만 일삼고 혼자 있는 걸 좋아하지만 예쁜 여자도 좋아한다. 하지만 여자 앞에만 서면 부끄럼을 많이 타고, 옆집 수잔 아줌마를 짝사랑하지만 고백을 못하고 여자들에게 자주 놀림 받는다. 심지어 딸한테까지도……

주저브 경감 50대 중반의 혼자 사는 남자로 마을에서 일어나는 범죄 사건을 맡고 있다. 하지만 수사 능력이 별로 없어 거의 과학해결사가 처리해 줘야 할 판. 나름대로 혼자 살면서 완고한 면도 있지만 인간성은 좋음.

수잔 자신이 퀸카라고 믿는 40대 과학 작가. 하지만 아직까지 베스트셀러는 낸 적이 없고 신경만 예민한 여자. 그래서 아인과 자주 충돌하지만 매트와 신디에게 복수를 당한다.

"선생님! 저요!"

신디가 손을 번쩍 들었다. 수학 천재라는 소리를 들을 정도로 뛰어난 수학 실력을 가진 신디는 매토앙 선생님의 수학 시간이 가장 신이 났다. 그래서 오늘도 칠판에 문제가 적히자마자 손을 든 것이다.

"신디, 역시 반장이야. 이건 약분 문제니까 나와서 풀어 보렴."

칠판에는 하얀 분필로 '$\frac{199}{995}$'라는 분수가 적혀 있었다. 신디는 자리에서 일어나 허리를 꼿꼿이 세우고 당당하게 칠판 앞으로 걸어나갔다.

'$\frac{1}{6}$'

답을 적고 양 손을 탁탁 턴 신디는 고개를 하늘 높이 들고 마음껏 거만을 떨었다. 그런데 자리로 돌아가고 있는 신디에게 매토앙 선생님이 피식 웃으시며 말씀하셨다.

"신디야, 답이 $\frac{1}{6}$이라고? 확실하니?"

"당연하죠. 호호호!"

"그런데 이번에는 틀렸구나."

"네?"

신디는 깜짝 놀라 뒤를 돌아보았다. 그리고 얼굴이 빨개지면서 창피함에 빠른 걸음으로 자리에 돌아갔다. 반 아이들은 도도 신디를 보며 고개를 숙여 웃었다.

"풋!"

"호호호!"

신디의 얼굴은 점점 빨갛게 달아올라 곧 터질 것 같았다.

"자! 모두들 조용히 하고, 이거 풀 수 있는 사람 없나? 없으면 선생님이 아무나 지적하겠어. 음…… 이그노!"

힘없이 앉아 있던 이그노는 자신을 부르는 소리에 덜컥 놀라 일어났다.

"네?"

두꺼운 검정색 뿔테 안경을 썼고, 몹시 마른 체형의 이그노는 신디의 반에서 공부를 가장 못하기로 소문이 난 아이였다.

"이 녀석, 졸고 있었군! 얼른 나와서 이거 약분해 봐!"

"약, 약분이요?"

"그래. 어서 나와!"

아이들은 불 보듯 뻔히 이그노가 틀릴 것이라고 예상했다. 이그노는 마치 끌려가는 노예처럼 자신 없는 걸음으로 칠판 앞에 섰다.

"이그노! 자신감을 가지고 풀어 보렴!"

"저, 저는 잘……."

이그노는 머뭇거리며 하얀 분필을 오른손에 쥐었다. 그리고 흐릿하게 답을 적었다.

'$\frac{1}{5}$'

"오, 이그노! 대단한데?"

"네?"

"아주 잘했어! 정답이야. 모두들 박수!"

"우와!"

반 아이들은 모두들 박수를 쳤다. 이그노는 자신도 믿을 수 없다는 듯 놀라 얼굴이 환해졌다. 새침떼기 공주 같은 줄리는 신디가 망신을 당한 것이 고소한 듯 말했다.

"어머나, 수학 천재님인 신디도 못 푸는 문제를 이그노

가 풀었네? 호호호! 그럼 이제 이그노가 수학 천재야?"

빨갛게 얼굴이 변한 신디는 이그노의 짝인 매트를 노려보았다.

'분명히 매트가 답을 알려준 게 틀림없어. 나도 못 푸는 문제를 이그노가 풀 리는 없잖아?'

"선생님!"

씩씩거리며 앉아 있던 신디가 손을 들었다. 매토앙 선생님은 무슨 일이냐는 눈짓을 보냈다.

"이그노가 저 계산을 했을 리가 없어요. 틀림없이 짝꿍인 매트가 답을 알려줬을 거예요."

자존심이 상한 신디는 꼬마아이가 사탕을 뺏긴 듯한 억울한 표정으로 말했다. 매토앙 선생님은 신디의 말이 조금은 일리가 있다고 여겼는지 이그노를 보며 말했다.

"이그노! 나와서 친구들한테 어떻게 문제를 풀었는지 설명할 수 있겠니?"

이그노는 쭈뼛쭈뼛 망설이다가 걸어 나왔다. 그리고 아이들을 죽 둘러보고는 다시 고개를 숙여 작은 목소리로 말했다.

"$\frac{199}{995}$에서 분자에 있는 9 두 개와 분모에 있는 9 두 개를 지웠어요. 그럼 $\frac{1}{5}$ 이잖아요?"

"호호호! 그것 보세요. 말도 안 되잖아요!"

신디는 무언가 단서를 잡은 경찰처럼 웃으며 말했다. 하지만 매토앙 선생님은 잠시 생각을 하다가 이그노의 어깨를 툭 치며 말했다.

"대단하구나, 이그노! 선생님이 원하는 풀이는 아니었지만…… 어쨌든 답은 나왔잖니? 정말 신기한 분수구나. 이그노의 엉터리 수학으로도 답이 나오니 말이야. 하하하!"

반 아이들과 이그노는 모두 한바탕 웃었다. 다만 단 한 사람, 신디는 여전히 뾰로통해 있었다.

'딩동댕동~'

수업을 마치는 종이 울렸다. 매토앙 선생님은 책을 정리하고 교탁 뒤에 섰다.

"오늘은 여기까지! 다들 숙제 꼭 해 오도록! 이상."

"차렷! 경례."

"감사합니다."

기분이 별로 좋지 않은 신디는 매트와 함께 집에 돌아오면서도 한 마디도 하지 않았다. 그래서 매트가 아무리 시비를 걸어도 듣는 둥 마는 둥 그냥 걸어갔다.

"신디야!"

"왜?"

"너 아직도 내가 이그노한테 답을 알려줬다고 생각하는 거야?"

"아니."

"근데 왜 그래?"

"그냥. 나한테 화가 나서……."

자존심 하나로 버티는 신디에게 아까의 일은 큰 충격이었다.

'반의 꼴찌에게 진 꼴이라니…….'

스스로를 용납할 수가 없었던 신디는 집에 들어와 인사도 대충 하고 방으로 들어갔다. 집에서 수잔과 함께 퀴즈 프로그램을 보고 있던 아인은 그런 신디가 이상해서 매트에게 물었다.

"매트야! 신디한테 무슨 일 있니?"

"아니에요. 안녕하세요? 수잔 아줌마."

"그래. 매트야 안녕?"

매트와 인사를 나눈 수잔은 텔레비전을 보다가 갑자기 소리쳤다.

"어머나! 저 저 문제 풀 수 있어요!"

"우리 수잔 여사는 정말 모르는 게 없으시군요. 얼굴도 예쁘고, 몸매도 아름다우시고, 게다가 퀴즈도 잘 풀고……. 완벽해요! 완벽! 하하하!"

두 사람은 또 아인의 일방적인 느끼함을 바탕으로 닭살 행각을 벌이고 있었다. 매트는 고개를 저으며 방으로 들어갔다.

"박사님. 저 문제의 답은 7이에요. 호호호!"

퀴즈 프로그램의 아나운서는 수잔의 말이 끝나기가 무섭게 말했다.

"정답은 7입니다."

"호호호!"

수잔은 마치 출연자라도 된 듯이 기뻐했다. 아인은 수잔의 얼굴을 바라보며 마냥 싱글벙글했다.

"수잔 여사! 정말 지적이십니다. 교양도 철철 넘치시고…… 하하하!"

"어머! 아인 박사님도 참…… 과찬이세요. 호호호! 근데 저 프로그램은 상품이 무척 대단한 거 같아요. 세계 여행 상품권? 우와, 저걸 타면 정말 좋겠네요."

"수잔 여사, 우리도 저 프로그램에 출연할까요?"

"네?"

"두 사람이 한 팀으로 나가는 거잖아요! 나랑 수잔 여사랑 나가면 환상의 커플이 될 것 같은데……."

"제가 왜 박사님이랑 커플로 나가요?"

수잔의 새침때기 내숭 100단이 나오기 시작했다. 아인은 이번이 수잔과 더 가까워질 수 있는 기회라고 생각하고 수잔을 설득하기 시작했다.

"수잔 여사. 난 저 여행권에는 관심도 없어요. 상품은 다 수잔 여사가 가지세요."

"네? 정말요?"

"네. 저는 그냥 우리 아름다운 수잔 여사와 함께 나가고 싶은 것뿐이에요. 하하하!"

수잔은 잠시 생각에 빠졌다. 상품도 탐이 났지만 방송에 출연해 보는 것도 나름 재미가 있을 것 같았다.

"뭐, 그러시다면…… 좋아요!"

"수잔 여사! 고마워요. 하하하!"

"이번 주말에 예선전이 열린다고 하니 단단히 준비해야겠어요. 박사님!"

"우리 둘이 나가면 우승은 따 놓은 당상이에요. 하하!"

"방심하지 말아요. 저 프로그램은 아무나 나오는 게 아니라고요. 경쟁률도 만만치 않고요."

"걱정 말아요, 수잔 여사. 얼굴에 주름이라도 생기면 어떻게 해요. 하하하!"

"으흠……."

수잔은 집에 돌아가 신문과 갖가지 책들을 훑어보았다. 아인도 퀴즈 프로그램에서 망신을 당하지 않으려면 공부를 해야 했다. 매트와 신디도 아인이 프로그램에 나가는 것에 동의했다. 다만 수잔과 아인이 함께 팀을 이루어 나간다는 것이 신디는 썩 내키지 않는 표정이었다. 도도공주 신디는 내숭여왕 수잔을 싫어했다. 처음부터 싫어했던 것은 아니었지만 아빠인 아인이 점점 과도하게 수잔을 감싸는 바람에 조금씩 마음에 안 들기 시작한 것이었다.

"아빠! 내숭 덩어리 수잔 아줌마랑 꼭 같이 나가야 해요? 차라리 저랑 나가요."

신디는 아인에게 괜히 투정을 부렸다. 아인은 신디에게 어떻게 말을 해야 할지 난감했다. 수잔과 나가고 싶다고 솔직하게 말하면 신디는 펄펄 뛸 것이 분명했다. 이를 보고 있던 매트가 재치를 발휘했다.

"신디야. 퀴즈 예선전은 평일 오전이래. 우린 학교에 가야 하잖아."

"그, 그래. 신디야! 아빠랑 다음에 같이 나가자."

"쳇!"

신디는 뾰로통해서 방으로 들어갔다. 매트는 아인에게 윙크를 했다.

며칠 후, 아인과 수잔은 드디어 퀴즈 프로그램 예선전에 출전하게 되었다. 아인과 수잔 외에도 다섯 팀이나 더 예선전에 나와 있었다.

"첫 번째 문제입니다. 정답을 아시는 팀은 빨리 버저를 눌러 주세요."

아인은 두근거리는 마음에 손이 부들부들 떨렸다.

"박사님, 괜찮으세요?"

아인과 달리 수잔은 오히려 무덤덤했다.

"네, 너무 불안해하지 말아요! 내가 있잖아요."

"박사님이나 그만 좀 떨어요!"

"예."

아인은 심호흡을 크게 두 번 했다. 조금 진정이 되는 것 같았다. 진행자는 또박또박 문제를 읽어 나갔다.

"잘 듣고 버저를 누르십시오. 기회는 한 번입니다. 엘리베이터가 지하 3층에 서 있습니다. 엘리베이터가 한 층을 올라가는 데 2초가 걸린다면 지하 3층의 엘리베이터가 지상 7층까지 가는 데는 몇 초 걸릴까요?"

순간 수잔은 반사적으로 부저를 눌렀다. 아인은 깜짝 놀라 수잔에게 속삭였다.

"수잔 여사! 답을 벌써 계산한 거예요? 좀 더 신중하게……."

"조용히 해요! 지금 중요한 건 스피드라고요!"

"그래도 틀리는 것보다는……."

"제가 알아서 할게요!"

두 사람은 은근히 티격태격했다. 진행자는 가장 먼저 부저를 누른 수잔을 바라보았다.

"수잔 씨가 가장 먼저 버저를 누르셨습니다. 문제가 끝나자마자 누르셨는데, 정말 대단한 속도입니다. 자, 그럼 과연 정답은 맞추실 수 있는지 궁금한데요. 정답을 말씀해 주십시오."

"음……. 지하 3층은 -3이고 지상 7층은 +7이니까 그 차는 10, 그리고 한 층에 2초가 걸리니까…… 20초입니다."

"수잔 여사! 잠깐만요!"

아인은 계산을 하고 있었다. 하지만 수잔은 아인의 의견을 무시하고 다시 한 번 크게 답을 말했다.

"20초입니다."

진행자는 잠시 머뭇거리다가 마이크를 잡았다.

"정답…… 아닙니다. 잘못 계산하셨어요! 우리나라에는 0층이 없지요. 그러니까 지하 3층에서 지상 1층까지는 세 층을 올라가야 하고, 1층에서 7층까지는 여섯 층을 올라가면 되죠. 그럼 전체적으로는 9층을 올라가는 셈이므로 답

은 18초입니다. 이런, 너무 안타깝네요. 너무 서두르신 건 아닌지……. 이렇게 해서 예선전에서는 아인 씨와 수잔 씨 팀이 가장 먼저 탈락되었습니다."

아인은 고개를 들 수가 없었다. 예선전 첫 번째 문제에서 바로 탈락이라니…… 수잔도 얼굴이 빨개져서 무대에서 내려왔다.

"이봐요, 수잔 여사! 그러게 내가 조금 신중하게 계산을 해야 한다고 했잖아요. 아무리 속도가 중요해도 이게 뭡니까? 망신만 당하고……."

수잔에게 늘 해바라기 같은 아인도 이번에는 화가 났다. 수잔은 갑자기 울음을 터뜨렸다.

"미안해요! 제가 너무 무식해서……. 그래도 저도 너무 속상한데 어떻게 아인 박사님까지 저한테 화를 내실 수가 있어요? 다시는 박사님 얼굴을 보고 싶지 않아요."

수잔은 서럽게 울더니 뛰쳐나갔다. 아인은 다시 이성을 되찾았고 수잔에게 화를 낸 것이 정말 후회스러웠다.

'내가 조금만 더 참을 걸. 휴우…….'

그날 이후 아인은 우울증에 걸린 사람처럼 아무런 말도 하지 않았고 잘 웃지도 않았다.

"아빠, 어디 편찮으세요?"

"아니다······."

"저번에 퀴즈프로그램 다녀오신 후로 안색이 너무 안 좋으세요. 무슨 일이라도 있으셨어요?"

매트는 아빠가 걱정이 되었다. 아인은 망설이다가 매트에게 그날 있었던 일을 말했다.

"그런 일이 있으셨군요."

이를 엿들은 신디는 신이 나서 소파에 앉으며 말했다.

"아빠! 이번 기회에 그렇게 성질 잘 내는 수잔 아줌마는 잊으세요."

"신디야!"

매트는 신디를 쿡 찔렀다. 신디는 소리를 질렀다.

"아얏! 왜 찌르는 거야!"

아인은 어깨를 축 늘어뜨리고 자신의 실험실로 터벅터벅 올라갔다. 매트는 수잔의 집으로 갔다. 초인종을 누르자 수잔이 밖으로 나왔다.

"매트, 네가 여기 무슨 일이니?"

수잔의 표정도 썩 좋지는 않았다.

"드릴 말씀이 있어요. 여기서는 좀 그렇고…… 들어가서 말씀 드릴게요."

"그래."

매트는 수잔의 집으로 따라 들어갔다. 수잔은 오렌지 주스를 두 잔 내어 왔다. 주스를 마시고 매트는 이야기를 꺼냈다.

"퀴즈 프로그램 나가셨을 때 아빠랑 다투셨다고 하던데……."

"박사님이 그러셨어?"

"아, 네……."

"사실 안 그래도 나도 속상했어. 박사님 말대로 내가 신중하지 못하고 성급하게 구는 바람에 떨어졌으니까. 하지만 박사님이 나한테 화를 내시니까 미안한 마음이 갑자기 서운함으로 바뀌더라고……. 이제 와서 사과하기에는 나도 자존심이 상하고…….”

수잔도 속상했던 마음을 매트에게 털어놓았다. 그러자 매트는 수잔에게 한 가지 제안을 했다.

"제가 아줌마 자존심 상하시지 않게 아빠랑 화해시켜 드릴게요."

"뭐라고?"

"제가 시키는 대로 하시면 돼요."

두 사람은 수군거리며 한참을 이야기했다.

다음날, 아침식사를 하고 있는데 매트가 호들갑을 떨며 주방으로 달려왔다.

"아빠! 큰일났어요."

"무슨 일이기에 아침부터 소란이니?"

"수잔 아줌마가 납치되셨어요."

"뭐라고?"

"수잔 아줌마가 납치됐다고요!"

아인은 숟가락을 놓고 수잔의 집으로 달려갔다. 밥을 먹고 있던 신디도 꽤 놀란 눈치였다. 수잔의 집 현관문은 열려 있었다. 수잔의 방에 들어가자 화장대에 립스틱으로 글이 적혀 있었다.

'I LOVE SUJAN'

(PLQJNKLVFS)

Do you know a number?

아인과 매트 그리고 뒤늦게 달려온 신디는 화장대에 적혀 있는 글자를 읽었다. 아인의 얼굴은 하얗게 질렸다.

"우리 수잔 여사가 스토커에게 납치된 것이 틀림없어. 당장 경찰에 신고를 해야겠어!"

순간 매트는 아인의 손에 들려 있는 전화기를 빼앗았다.

"아빠, 이건 경찰에 신고한다고 될 문제가 아니에요. 암호를 풀면 될 것 같아요."

"그래도 경찰에……."

"이럴 때가 아니에요. 어서 암호를 풀어 보세요!"

아인은 정신이 하나도 없었다. 갑작스러운 수잔의 납치

소식은 커다란 충격이었다. 신디도 그동안 얄미웠던 수잔이었지만 막상 납치되었다고 하니 너무 걱정이 되었다. 아인과 신디는 암호를 풀기 위해 이것저것을 적어 보았다. 그런데 매트는 암호 풀기에 영 집중을 하지 않았다. 신디는 그런 매트에게 짜증을 냈다.

"야, 매트! 너는 수잔 아줌마한테 그렇게 잘하더니 막상 납치가 되셨는데 그렇게 한가롭게 뭐하는 거야? 그동안의 네 행동은 다 가식이었니? 어쩜 그럴 수가 있어?"

아인은 눈이 휘둥그레졌다. 지금 신디가 수잔을 얼마나 걱정하는지 적나라하게 드러났기 때문이다. 진심을 들킨 신디는 화를 버럭 내고는 다시 진정했다.

"뭐, 수잔 아줌마가 마음에는 안 들지만 그래도 사람이 없어진 건데……. 누구라도 납치되었으면 걱정했을 거라구요. 아빠, 매트! 모두 오해하지 말아요. 난 수잔 아줌마 싫어요! 으흠."

괜히 자신의 마음이 들켜서 민망했던지 신디는 묻지도 않은 말을 하며 암호 풀기에 집중하였다. 그러나 한참을 해도 답이 나오지 않자 신디는 집으로 가서 과학자 사전을 찾았다. 그리고 사전을 열어 화장대에 쓰여 있던 글들을 입력하자 다음과 같은 글이 나왔다.

> 아라비아 숫자 0부터 9까지 생각하라.

"0부터 9?"

신디는 다시 수잔의 집으로 돌아갔다. 그리고 화장대를 다시 바라보았다.

"아, 알았다. 바로 그거야! 아라비아 숫자를 대응시키는 암호!"

"뭐라고?"

신디의 말을 아직 알아듣지 못한 아인은 수잔 여사만을 연호하고 있었다.

"수잔 여사, 내가 잘못했어요. 정말 미안해요. 수잔 여사……."

신디는 종이를 펼치고 펜을 들었다.

PLQJNKLVFS
0123456789

"이렇게 대응시키고 I LOVE SUJAN에서 자음만 남기면 LVSJN, 그러니까 67934야."

"67934가 뭐지?"

아인은 정신을 차렸다. 번호가 나오기는 했지만 무엇을 의미하는지는 통 알 수가 없었다. 고민에 빠진 신디와 아인을 두고 매트는 밖으로 나갔다.

"아빠! 매트는 정말 못됐어요. 수잔 아줌마가 없어졌는데 저렇게 천하태평이라니……."

"그러게. 매트가 수잔을 좋아하는 줄 알았는데……."

아인은 이유를 알 수 없는 매트의 태도에 왠지 서운했다. 한편 답이 도저히 떠오르지 않자 신디는 주저브 경감에게 전화를 걸었다.

"아저씨! 수잔 아줌마가 납치되었어요. 지금 당장 와 주세요."

마침 근처에 있던 주저브 경감은 금방 수잔의 집으로 달려왔다.

"어떻게 된 거니?"

"암호는 거의 다 풀었는데 이 숫자들이 무엇을 의미하는지는 도통 알 수가 없어요."

"음……."

주저브 경감은 번호를 유심히 살펴보았다.

"679……34?"

얼마 후 경감은 손뼉을 치며 말했다.

"신디야! 알아냈다. 679-34번지! 이전에 있던 성을 개조해서 얼마 전에 오픈한 호텔의 주소야! 샤일로 호텔! 수잔 씨는 그곳에 있을 거야. 어서 가 보자!"

아인과 신디 그리고 주저브 경감은 샤일로 호텔로 출발했다. 매트는 무슨 일인지 아까부터 모습이 보이지 않았다.

한편 호텔에 있던 수잔은 신나게 수영을 즐기고 방에서 맛있는 요리를 먹고 있었다.

'따르르릉!'

"여보세요! 매트니?"

"네. 아빠가 호텔로 출발하셨어요. 그러니 방에서 나오시면 안 돼요."

"알았어. 근데 이 호텔 스위트룸 정말 좋구나! 그런데 너 이 방을 예약할 돈은 어디에서 났니?"

"그동안 모아 뒀던 비상금을 다 털었어요. 헤헤헤!"
"고맙다. 매트야……."
"그러니 오늘 꼭 아빠랑 화해하셔야 해요. 그럼 이만!"

수잔은 매트가 너무 대견스러웠다. 매트의 말대로 호텔 방에서 나오지 않은 채 수잔은 새로 쓰게 된 과학 소설의 스토리를 구상하고 있었다.

한편 아인 일행은 샤일로 호텔에 도착하였다. 호텔은 다섯 개 동으로 구성되어 있었고 한 동이 15층 정도 되는 거대한 성 모양이었다. 거대한 만큼 객실의 수도 엄청나게 많았다.

"이 많은 방들을 하나씩 다 들어가 볼 수도 없고……."

암호를 알아냈을 때에는 금방이라도 수잔을 찾을 수 있을 것 같은 마음에 기뻤지만 샤일로 호텔의 거대함에 일행은 다시금 좌절할 수밖에 없었다. 일단 주저브 경감은 호텔 프론트에서 수잔이라는 사람을 조회해 보기로 했다.

"경감 아저씨! 범인이 바보가 아닌 이상 아줌마 이름으로 투숙을 했을 리는 없잖아요."

"그래도 혹시 모르니까……."

호텔에서는 절대 투숙객의 정보를 알려줄 수 없다고 했다. 결국 지칠 대로 지친 아인과 신디, 주저브 경감은 호텔 입구에 앉아 수잔을 마냥 기다리는 수밖에 없었다. 그때 신디가 눈을 반짝이며 말했다.

"아까 그 암호 중에 I LOVE SUJAN 말고 또 한 문장이 더 있지 않았나요?"

"그래, 하나 더 있었지!"

아인은 구겨진 종이를 꺼냈다.

"'Do you know a number?' 라는 문장이야."

매트는 그제야 모습을 보였다.

"야! 너 어디 있었어?"

신디는 매트를 보자마자 소리를 질렀다.

"볼 일이 있어서……."

"뭐라고? 쳇! 아무튼 이거나 풀어 봐!"

매트는 신디가 내민 종이를 펼쳤다.

'역시 신디는 대단한데? 눈치가 참 빨라. 하지만 이 암

호는 못 풀 거야. 호호호!'

"앗, 나 배가 너무 아프다. 잠깐 화장실에 좀 가야겠어."

매트는 또 자리를 비웠다. 신디는 매트에게 화를 내고 싶었지만 워낙 긴박한 상황이라 꾹 참기로 했다. 화를 참으며 주머니에 손을 넣어 보니 과학자 사전이 잡혔다. 얼른 과학자 사전을 펼치고 단어를 입력했더니 다음과 같은 글이 떴다.

> Yes, I know a number.

"이게 뭐지? 음……. 아, 알았다!"

이리저리 머리를 굴리던 신디는 아인과 주저브 경감을 불렀다.

신디는 아인과 주저브 경감을 불렀다. 아인은 어찌나 걱정을 했던지 하루 사이에 폭삭 늙어버린 모습이었다.

"아빠! 알아냈어요. 각 단어의 철자수를 세면 3.1416 즉, 원주율 π가 되요. 그렇다면 납치된 장소는 3동의 1416호일 거예요."

"우리 신디, 정말 천재구나. 하하하!"

"신디야. 대단하다."

주저브 경감과 아인은 신디의 추리력에 감탄했다.

"지금 이러고 있을 때가 아니에요. 어서 가요!"

"잠깐만! 매트가 화장실에서 안 왔는데……."

"아빠, 그냥 가요! 그런 의리 없는 녀석은 기다릴 필요도 없어요!"

급히 달려가던 아인은 계단에서 넘어지고 말았다.

"으악!"

"아빠! 괜찮으세요?"

"괘, 괜찮아."

아인은 오른쪽 다리를 크게 다친 듯 일어서기도 힘들어 보였다. 결국 주저브 경감이 한 쪽에서 아인을 부축했다.

"박사님, 아무래도 병원에 가시는 게 좋을 것 같아요."

"아닙니다. 수잔 여사는 제가 구하겠어요."

아인은 수잔을 구하겠다는 일념 하나로 아픈 고통을 꾹

참아가며 걸었다. 이를 지켜보던 매트는 어쩔 줄 몰라 발만 동동 굴렀다.

'괜히 나 때문에 아빠가 다치셨어.'

일행은 3동 1416호 앞에 다다랐다. 아인은 벨을 눌렀다. 수잔은 현관으로 나와 문을 열며 말했다.

"매트니?"

문을 열자 수잔의 눈에는 땀을 뚝뚝 흘리는 아인이, 그리고 그 뒤로 신디와 주저브 경감이 보였다.

"아인 박사님!"

"수잔 여사, 무사했군요. 다행이에요."

그동안 너무 긴장을 하고 있었던 아이는 수잔을 보자마자 다리에 힘이 풀려 호텔 복도에 주저앉고 말았다.

"아인 박사님! 괜찮으세요?"

"아줌마, 어떻게 된 거에요? 그리고 방금 매트라고 하셨어요?"

"신디야. 그게……."

바로 그때 매트가 걸어왔다.

"사실 이건 내가 꾸민 일이야. 아빠가 다치게 돼서 저도 정말 죄송해요. 생각지도 못한 일이라…… 아빠랑 수잔 아줌마랑 화해하시라고 그랬던 건데……."

"뭐라고?"

주저브 경감은 쓴웃음을 지었다. 수잔이 납치되지 않은 것은 천만다행이었지만 바쁜 와중에 어린 매트의 장난에 놀아난 것 같아 기분이 묘했다.

"난 그만 가 봐야겠다."

주저브 경감은 자리를 떠났다. 문제는 화가 잔뜩 난 신디였다.

"매트 너! 네가 지금 몇 명을 속인 거야?"

"난 단지 아빠랑 수잔 아줌마랑……."

"됐어! 너 각오해!"

신디의 얼굴은 마치 공포영화에 나오는 무서운 괴물로 변했다. 매트는 줄행랑을 치며 도망을 쳤고, 신디는 콧김을 뿜으며 매트를 쫓아갔다.

"박사님……."

수잔은 걱정스러운 얼굴로 아인을 바라보았다. 아인은 수잔이 눈앞에 아무 일도 없이 나타났다는 것에 안도했다.

"수잔 여사, 내가 잘못했어요. 퀴즈 대회에서 그렇게 화를 내는 게 아니었는데…… 내가 너무 흥분을 해서 수잔 여사의 마음을 아프게 했어요."

아인의 진심 어린 말에 수잔은 가슴이 뭉클해졌다.

"아니에요, 박사님. 제가 더 잘못한 거예요. 침착하지 못하고 덤벙대는 바람에 괜히 박사님만 망신시켰잖아요. 사과를 해도 모자랄 판에 오히려 제가 화를 더 내고…… 죄송해요."

수잔은 눈물을 뚝뚝 흘리며 말했다.

"아아……."

긴장이 풀리자 아인은 다친 다리가 아파왔다.

"어머! 다리 다치신 거예요?"

"아까 뛰어오다가 넘어졌어요."

"어떡해요! 저 때문에……."

"아니에요. 수잔 여사가 이렇게 무사해서 정말 다행이에요. 매트 녀석이 장난친 것은 괘씸하지만 그 덕분에 이렇게 수잔 여사와 단둘이 있게 됐잖아요. 하하하!"

"박사님도 참…… 호호호!"

수잔과 아인은 호텔에서 나와 두 손을 꼭 잡고 천천히 걸었다. 수잔이 아인을 부축하며 걸어오는 모습을 본 신디는 마음이 이상했다.

'뭐, 두 분이 나름 잘 어울리기는 하네…….'

"신디야!"

매트는 이미 신디에게 몇 대 맞은 듯 눈가에 시퍼런 멍이 들어 있었다.

"너! 당분간 내 눈에 띄지 말랬잖아!"

"근데 너 아까 보니까 수잔 아줌마 무지 걱정하더라. 그렇게 걱정됐어?"

"시끄러워! 난 그저 옆집 사람이 납치된 줄 알았으니까 그런 것뿐이야. 다시 말하지만 난 수잔 아줌마가…….'

"좋다고?"

"안 좋아."

"오, 그래도 많이 발전했네! 안 좋은 거면 싫은 것도 아니라는 말이네?"

"몰라! 너 또 맞고 싶어?"

"아, 아니!"

매트는 손사래를 치며 아인과 수잔에게 달려갔다.

"아빠!"

"매트 이 녀석!"

아인은 매트의 머리에 꿀밤을 주려다가 찡그린 매트의 얼굴을 보고 웃었다.

"다음부터는 이렇게 위험한 화해 방법은 쓰지 말아라!"

"네, 알겠습니다!"

"하하하!"

"매트야! 정말 고맙다."

"헤헤헤! 천만에요!"

신디도 세 사람에게 다가왔다.

"신디야, 아줌마 걱정 많이 했지? 미안하다."

"아니요! 전 걱정 안 했어요."

신디는 사과를 하는 수잔을 외면하며 도도한 척 다른 곳을 바라보았다. 그러자 매트가 웃으며 말했다.

"쳇! 야, 신디! 네가 제일 걱정했잖아. 암호도 네가 다 풀었고! 게다가 아줌마 찾는 걸 안 도와준다고 나더러 의리도 없다고 화까지 냈으면서!"

"내가? 쳇, 내가 언제? 너 또 까불래?"

신디는 매트의 엉덩이를 발로 찼다. 매트는 부리나케 도망갔다. 아인과 수잔은 신디와 매트의 모습에 행복한 웃음을 지었다.

"호호호! 신디야, 그만해! 그러다가 매트 다치겠어."

"녀석들 장난은…… 허허허!"

신디는 얼굴이 빨개져서 매트를 잡느라 정신이 없었다.

"매트! 너 이리 와!"

"메롱~ 신디는 수잔 아줌마를 좋아한대요! 헤헤헤!"

매트는 뛰어다니며 신디를 놀리는 데 신이 났다.

"너! 잡히면 가만 안 둬!"

"메롱~ 하나도 안 무섭지롱~"

이 책에 나오는 과학자들

브라마굽타 ★ Brahmagupta, 598~665?

7세기 인도의 수학자이자 천문학자. 천문학에 관한 저서 『브라마시단타』는 이 책은 21장으로 이루어져 있고 12장과 18장에서 수학을 다루고 있다.

라이프니츠
★ Gottfried Wilhelm von Leibniz, 1646.7.1~1716.11.14

독일의 철학자, 수학자, 과학자. 수학에서는 뉴턴과 함께 미분법과 적분법의 창시자로 유명하며 미분 기호, 적분 기호를 만들어 수학의 발전에 많은 공헌을 하였다.

데데킨트 ★ Julius Wilhelm Richard Dedekind, 1831.10.6~1916.2.12

독일의 수학자. 그는 자신의 저서 『연속과 무리수』에서 무한집합을 고찰하였고, 무리수의 개념을 명확히 함으로써 해석학의 기초 수립에 크게 공헌하였다.

바스카라 ★ Bhaskara, 1114~1185?

인도의 수학자이자 천문학자로, 천문학에 관한 책 『시단타시로마니』의 일부를 이루는 수학책 『릴라바티』와 『비자니가티』를 썼다. 인도의 수학을 집대성한 책으로 유명한 이 책에는 수학을 이용하여 천체의 운동을 계산하는 내용이 들어 있다.

스테빈 ★ Simon Stevin, 1548~1620

네덜란드의 수학자, 물리학자, 기술자. 그는 기사로서의 명성을 얻었을 뿐 아니라 소수의 계산에 관한 최초의 조직적인 해설, '힘의 평행사변형의 법칙'의 발견 등 매우 다양한 분야에서 업적을 남겼다.

네이피어 ★ John Napier, 1550~1617.4.4

영국의 수학자. 로그와 삼각법 등에 대한 많은 연구를 했으며 특히 로그를 만들어 큰 수의 계산을 간편하게 하는 방법을 알아냈다.

피타고라스 ★ Pythagoras, BC 582?~BC 497?

그리스의 철학자이자 수학자. 만물의 근원을 '수'로 보았던 그가 수학에 기여한 공적은 매우 커서 플라톤, 유클리드를 거쳐 근대까지 영향을 미쳤다.

못말리는 과학방송국 5 : 수의 역사

펴낸날	초판 1쇄 2007년 11월 30일
	초판 3쇄 2013년 10월 25일

지은이	정완상
펴낸이	심만수
펴낸곳	(주)살림출판사
출판등록	1989년 11월 1일 제9-210호

주소	경기도 파주시 문발동 522-1
전화	031-955-1350 팩스 031-624-1356
홈페이지	http://www.sallimbooks.com
이메일	book@sallimbooks.com

ISBN	978-89-522-0747-0 74400
	978-89-522-0742-5 74400(세트)

※ 값은 뒤표지에 있습니다.
※ 잘못 만들어진 책은 구입하신 서점에서 바꾸어 드립니다.